COLLE
FOLIO CLASSIQUE

Molière

L'École des femmes

*Édition présentée, établie et annotée
par Jean Serroy*

Professeur à l'Université Stendhal de Grenoble

Gallimard

PRÉFACE

1662 est une année qui compte dans la vie et la carrière de Molière : le 20 février, il épouse Armande Béjart, le 26 décembre il donne L'École des femmes. Faut-il voir, comme on a souvent été tenté de le faire, lien de cause à effet entre les deux événements ? La vie privée de ce quadragénaire épousant une toute jeune fille donnerait-elle la clef du barbon Arnolphe couvant son ingénue ? Perspective que la coïncidence des dates rend évidemment séduisante, mais qui, si on ne la précise pas, risque en fait de n'être qu'un trompe-l'œil. Sans négliger les préoccupations personnelles de l'homme Molière, on peut en effet se rendre compte que la création met en jeu, chez lui, un processus infiniment plus riche et complexe que celui que peut dégager une critique trop exclusivement biographique.

Molière et la grande comédie

Lorsque Molière, en 1658, s'installe à Paris dans la salle du Petit-Bourbon qu'il partage avec la troupe des comédiens italiens dirigée par Tiberio Fiorilli, le célèbre Scaramouche, il se trouve confronté à une évidence qu'il lui faut bien prendre en compte : nécessité lui est faite, s'il veut assurer à sa troupe une existence durable à Paris, de se créer un public. Or les deux troupes déjà installées ont leur spécialité : le Marais triomphe dans les pièces à machines, tandis que l'Hôtel de Bourgogne s'est annexé, de façon quasi exclusive, le répertoire tragique, et notamment celui du grand Corneille. Molière s'essaie bien à rivaliser avec les Bourguignons en montant plusieurs tragédies cornéliennes et en opposant à la diction emphatique de ses concurrents un ton plus naturel : mais l'échec est patent, et Molière n'y gagne guère qu'une réputation de détestable acteur tragique. La seule tentative qu'il fait pour composer lui-même une pièce « sérieuse » débouche, elle aussi, sur un échec total : Dom Garcie de Navarre, *qu'il donne le 4 février 1661, est, en effet, une véritable tragi-comédie, très comparable au* Don Sanche d'Aragon *de Corneille, qui met en scène princes et grands personnages et traite de problèmes dynastiques et politiques, dans un style noble convenant au sujet. Or le public ne suit pas : au bout de quinze jours, Molière doit retirer la pièce de l'affiche, et il ne la fera même pas imprimer. C'est que, depuis qu'il a triomphé avec* L'Étourdi *et* Les Précieuses ridicules, *il est catalogué comme auteur et acteur comique, et ses tentatives pour donner de lui une autre image ne font que renforcer, auprès de son public, ce malentendu initial dont on verra que toute sa carrière est en quelque sorte tributaire.*

Car Molière doit son installation à Paris à la farce. Le roi et la cour, lors de la première représentation qu'il a donnée devant eux le 24 octobre 1658, ont été beaucoup moins sensibles au jeu de la troupe dans la tragédie de Nicomède *qu'à sa prestation dans le petit divertissement qui l'accompagne, et dont Molière est l'auteur,* Le Docteur amoureux. *Et le public parisien, qui découvre la nouvelle troupe le 2 novembre avec cette autre fantaisie qu'est* L'Étourdi, *lui assure immédiatement un succès qui la spécialise d'emblée dans le répertoire comique, répertoire auquel Molière s'est depuis longtemps consacré puisque, dès les tournées provinciales des années 1650, il a écrit pour sa troupe plusieurs farces, ainsi que les deux premières comédies qu'il donne à Paris,* L'Étourdi *et le* Dépit amoureux. *On voit bien, d'ailleurs, que, dès qu'il commence à écrire, l'auteur Molière s'efforce de composer pour l'acteur Molière un type qui lui permette, à la façon de Turlupin, de Jodelet ou de Scaramouche, de se faire reconnaître de son public. Les débuts de Molière sont marqués par cet effort pour se créer une présence comique, effort qui, lui, sera totalement couronné de succès puisque le célèbre* Tableau des farceurs français et italiens[1]*, peint vers 1670, placera Molière dans la compagnie des types de la commedia dell'arte — Pantalon, Polichinelle, Arlequin — et de la farce française — Gros-Guillaume, Gaultier-Garguille, Guillot-Gorju.*

Or l'évolution de ce type que Molière se confectionne est elle-même révélatrice. La première livrée qu'il endosse, c'est celle d'un valet intrigant et agile, portant la toque, la fraise et la barbe, et affublé d'un nom qui sonne bien et qui sent son masque : Mascarille. Très proche du « zani » italien dans L'Étourdi, *le type a été repris dans le* Dépit amoureux *et s'affirme surtout dans* Les Précieuses ridicules *où, avec son compère Jodelet, le marquis de Mascarille mène auprès des deux pecques provinciales un jeu étourdissant. Malgré sa réussite, le type reste toutefois un peu*

---

1. L'auteur de ce tableau appartenant à la Comédie-Française nous est inconnu.

conventionnel et trop manifestement inspiré de la comédie italienne. Molière, pour se définir de façon plus personnelle, quitte le masque et change de nom et d'habit : il devient Sganarelle. La finale sonne encore à l'italienne — comme Brighelle ou Polichinelle — et l'initiale n'est peut-être qu'un hommage à Scaramouche, en attendant Scapin, mais l'ensemble compose un type nouveau. De valet qu'il est dans la farce du Médecin volant *et qu'il sera plus tard, mais de façon beaucoup plus ambiguë, dans* Dom Juan, *Sganarelle trouve sa voie propre en devenant un vieillard ridicule, affublé d'un certain nombre de défauts, d'ailleurs variables d'une apparition à l'autre : poltron, coléreux, sensuel, égoïste, vaniteux. Vêtu lui aussi de la fraise et de la barbe, portant haut-de-chausses, pourpoint et manteau, tout de rouge cramoisi ou de jaune criard, il permet une composition si parfaitement reconnaissable que, du* Cocu imaginaire *au* Médecin malgré lui, *Molière s'identifie totalement à lui et ne le reprend pas moins de sept fois. Or il y a loin du premier Sganarelle, simple marionnette farcesque du* Médecin volant, *à ceux qui le suivent. À mesure que le type s'affirme, il devient plus complexe, échappe peu à peu à la farce pour se nuancer, s'affiner, s'enrichir. Dans* Sganarelle ou le Cocu imaginaire, *le rôle titre fait apparaître un bourgeois parisien dont la préoccupation unique — la peur d'être cocu — inaugure cette galerie d'« imaginaires » qui, d'Arnolphe à Argan, incapables de s'accommoder de la réalité, préfèrent se réfugier dans leurs lubies et se construire leur propre monde. Enfermé dans son idée fixe et soumis aux fantaisies d'une situation capricieuse, le héros comique laisse voir des traits qui l'humanisent. Sous le type, déjà, perce le personnage. Les soupirs de Sganarelle, ses hésitations, ce dé-*

sir qu'il a de concilier son honneur et sa tranquillité, la sensualité qui se fait jour en lui lorsqu'il tient entre ses bras une belle évanouie : autant d'éléments qui contribuent à en faire autre chose qu'un simple bouffon. Mascarille menait le jeu et le spectateur riait avec lui. Sganarelle n'est plus qu'une victime : c'est de lui, désormais, qu'on rit. Mari infortuné, il se rend compte lui-même que ses plaintes excitent la risée commune :

Et plusieurs qui tantôt ont appris mon martyre,
Bien loin d'y prendre part, n'en ont rien fait que rire
(v. 385-386).

Molière découvre la vertu comique du malheur, lorsque c'est un personnage ridicule qui souffre. Le cocu imaginaire offre le premier modèle de ces personnages dont les souffrances vont constituer le cœur même de la comédie. Après lui, Sganarelle dans L'École des maris *et Arnolphe dans* L'École des femmes *vont marquer l'approfondissement de ce comique éminemment humain, puisqu'il prend l'homme pour objet. De cette lignée, Alceste sera le représentant le plus achevé.*

Mais, du coup, c'est assigner au comique une tout autre visée que le simple divertissement grossier que constituait la farce. En explorant toutes les potentialités du type qu'il a créé, Molière affirme de plus en plus qu'il prend la comédie au sérieux. L'évolution de Sganarelle vers un véritable personnage s'accompagne d'un enrichissement des procédés techniques de la pièce : les mécanismes primaires utilisés pour faire naître le rire — gestes, mots, situations — font place à des ressorts plus compliqués, dont la vie même de l'homme, dans sa dimension intime autant que sociale, fournit le fond. Élargissant son registre, utilisant

les vers, passant des quelques scènes de la farce au décou-
page en cinq actes qui lui permet de n'être plus seulement
une pièce d'appoint, mais de constituer à elle seule un
spectacle, la comédie devient apte à aborder tous les su-
jets, y compris ceux que l'on croyait jusqu'alors réservés
à d'autres genres, tragi-comédies ou tragédies. Que sa car-
rière tragique ait très tôt avorté a sans doute renforcé Mo-
lière dans son désir de transformer la comédie, de la plier
à ses propres exigences, d'en faire le moyen de traduire sa
propre vision du monde. Cette métamorphose du genre, le
cycle du cocuage inauguré avec Sganarelle *la réalise tota-*
lement : de l'acte unique, encore très proche de la cons-
truction farcesque, du Cocu imaginaire, Molière *passe,*
avec L'École des maris, *à une comédie beaucoup plus soli-*
dement construite, en trois actes, où les personnages ga-
gnent en épaisseur et en nuances, et où tous les problèmes
soulevés le sont de façon plus assurée, sinon encore très
approfondie. L'École des femmes, *sur un sujet très proche,*
avec des personnages qui semblent prendre la suite de ceux
de la comédie précédente, marque le terme de l'évolution :
en cinq actes et en vers, elle offre, avec Arnolphe et Agnès,
l'image des rêves, des désirs, des passions qui agitent le
corps et le cœur des hommes. Le thème du mari cocu ali-
mente ici une interrogation sur le mariage lui-même, sur
les risques qu'il fait courir à ceux qui sont mal mariés ; et
l'éveil d'Agnès, malgré la soumission où l'a tenue son
tuteur, pose directement, à une société qui ne l'avait jamais
vu poser avec autant d'acuité, la question de l'éducation
des filles, et celle de leur liberté. Aucune comédie ne
s'étant préoccupée jusque-là de telles réflexions, le succès
et le scandale sont à la mesure de l'audace. Il est révéla-
teur, à cet égard, que la fronde qui éclate oppose à Molière

aussi bien les tenants d'une morale rigoriste, qui reprochent à la pièce son « obscénité », que les tenants d'une séparation rigoureuse des genres : « Il y a une grande différence de toutes ces bagatelles à la beauté des pièces sérieuses », affirme l'auteur Lysidas, dans La Critique de l'École des femmes, avant de noter encore avec amertume : « On ne court plus qu'à cela, et l'on voit une solitude effroyable aux grands ouvrages, lorsque des sottises ont tout Paris. » En élargissant le champ de la comédie à la peinture de l'homme et de la société et en lui ouvrant la voie des grands sujets, Molière brouille le paysage littéraire, s'attire haines et jalousies, et engage sa carrière dans une succession de luttes de plus en plus âpres, dont la querelle du Tartuffe va donner toute la mesure. Mais, ce faisant, il affirme aussi la dignité et la richesse du genre comique. L'École des femmes marque ainsi une date dans son œuvre mais, plus largement encore, dans l'histoire du théâtre lui-même.

Molière et sa troupe

La pièce marque aussi le triomphe d'une troupe qui, en quatre années, a su s'attirer tous les suffrages du public parisien et qui, à présent, rivalise d'égale à égale avec les deux grandes troupes concurrentes, faisant même trembler les prestigieux comédiens de l'Hôtel de Bourgogne. La vivacité des échanges que traduit la querelle qui s'élève montre bien d'un côté l'assurance que la troupe a désormais acquise et de l'autre l'amertume jalouse que ses triomphes soulèvent chez ses rivaux. Spécialistes de la tragédie cornélienne, les Grands Comédiens sont aussi les *champions d'un art emphatique, fondé sur une déclamation à effets, ronflante et pompeuse. Les longues tirades tragiques, héroïques ou pathétiques, conviennent parfaitement à ce jeu artificiel et grandiloquent qui, étant donné la place centrale occupée tout au long du siècle par l'Hôtel de Bourgogne, est devenu en quelque sorte la norme de l'art théâtral. Arrivant à Paris après plusieurs années de tournées en province, habitués au jeu très physique que requiert la farce et découvrant encore, au contact des Italiens dont ils partagent la salle, toutes les ressources de l'agilité et de la vivacité corporelles, les comédiens de Molière sont peu aptes aux effets oratoires et à un jeu statique. Leur originalité réside tout au contraire dans une déclamation naturelle, un accord du geste et de la parole, une façon de renvoyer au spectateur comme le reflet de sa propre vie. Ici apparaissent les conceptions de Molière acteur et metteur en scène, qui entend faire coïncider la tonalité qu'il donne à ses comédies et le travail de ses acteurs. À la peinture « d'après nature » doit correspondre un jeu naturel. Tout au long de la répétition que présentera* L'Impromptu de Versailles, *Molière ne cessera de donner le même conseil à chacun des comédiens : il faut jouer naturellement, c'est-à-dire être emphatique pour représenter un personnage emphatique, façonnier pour jouer un rôle qui l'exige, prendre un ton sophistiqué pour traduire un personnage qui est tel ; et parler en marquis, en précieuse, en honnête homme selon son emploi dans la pièce. La minutie apportée à chaque détail, le travail de mise en place rigoureux que dénote chacune de ses interventions montrent à quel point Molière conçoit la représentation comme le prolongement nécessaire du texte écrit. Homme de théâtre, il sait que l'acte théâtral n'existe que mis en scène. Pour imposer la comédie comme un mi-*

*roir de la vie, il impose à sa troupe un jeu qui donne l'illu-
sion du vrai. Le résultat, comme l'attestent jusqu'à ses ennemis, est parfaitement réussi. Donneau de Visé, sur ce
point, rend justice à la troupe de Molière et au rôle de son
chef : « Ce sont, écrit-il dans ses* Nouvelles nouvelles, *des
portraits de la nature qui peuvent passer pour originaux. Il
semble qu'elle y parle elle-même. Ces endroits ne se rencontrent pas seulement dans ce que joue Agnès, mais dans
les rôles de tous ceux qui jouent à cette pièce. Jamais comédie ne fut si bien représentée, ni avec tant d'art, chaque
acteur sait combien il y doit faire de pas, et toutes ses œillades sont comptées. »*

Un tel naturel, acquis, L'Impromptu *le prouvera, à force
de travail, outre qu'il dénote une conception radicalement
nouvelle du jeu théâtral, prouve aussi tout le métier d'une
troupe qui arrive, dans ces années 1661-1662, à son meilleur niveau. Sans doute Molière n'aurait-il pas conçu un
certain nombre de ses grands rôles s'il n'avait songé, en
les composant, aux acteurs dont il disposait pour les rem-
plir. De la troupe débutante qui formait l'Illustre Théâtre
dans les années 1643-1645, il ne reste plus grand monde
vingt ans plus tard : seules sont encore là Madeleine Béjart, la compagne des débuts, femme de tête et d'esprit, objet d'attaques venimeuses qui montrent assez la place es-
sentielle qu'elle tient auprès de Molière ; et sa sœur
Geneviève, Mademoiselle Hervé, plus effacée et qui ne joue
guère que les utilités. Tous les autres n'ont rejoint Molière
que plus tard, mais la majorité ont connu avec lui l'aventure provinciale où la troupe s'est véritablement formée :
Du Parc, qu'on appelle aussi Gros René, très apprécié
dans la farce ; sa femme, la célèbre Marquise, une des ve-
dettes de la troupe, et dont le talent ne consiste pas seule-*

ment à découvrir le galbe de ses jambes : Molière, dans L'Impromptu, *la dit lui-même « excellente comédienne »* ; De Brie, qui joue les rôles de second plan, et surtout sa femme Catherine, grande, très mince, avec un visage étonnamment jeune qui lui permet de jouer longtemps les ingénues, de créer le rôle d'Agnès à trente-trois ans et de le tenir jusqu'à plus de soixante ; Louis Béjart, enfin, dit L'Éguisé, boiteux et spécialiste des rôles de second valet ou de vieillard. À cette ossature, de nouveaux comédiens viennent apporter, lorsque la troupe s'installe à Paris, un appoint important : si le célèbre Jodelet et son frère L'Espy ne font guère que passer, le premier mourant en 1660 et le second en 1663, La Grange, Du Croisy et sa femme, La Thorillière, Brécourt et la jeune Armande contribuent, précisément en ces années 1661-1662, à donner un sang neuf à la troupe, à en accroître sensiblement l'effectif et à augmenter considérablement, pour Molière, le champ possible des emplois à distribuer. La variété des personnages qu'il crée alors correspond parfaitement à une troupe élargie, comportant dans ses rangs, avec Madeleine, la Du Parc et la De Brie, et bientôt Armande, des comédiennes de premier plan et, avec Molière lui-même, Brécourt, Du Croisy, La Thorillière, La Grange, tout un groupe d'acteurs susceptibles de tenir les premiers rôles et de répondre aux sollicitations nouvelles qui émanent de la cour.

Molière et la cour

Ces années 1661-1662 sont aussi, en effet, des années charnières dans la carrière parisienne de Molière et de ses comédiens. Coïncidence exceptionnelle, mais pleine de sens, que cette conjonction de l'arrivée au pouvoir d'un roi jeune et décidé à affirmer son autorité, avec l'arrivée sur la scène d'une troupe neuve elle aussi, et pareillement décidée à remettre en question les positions établies. La véritable rencontre de Louis XIV et de Molière date, en fait, moins des débuts parisiens de la troupe que de la grandiose fête donnée par Fouquet à Vaux-le-Vicomte, le 17 août 1661. Ce jour-là, Molière présente, dans les jardins du château, un divertissement accompagné de musique et de danses, Les Fâcheux. *Beauchamps a réglé les ballets, Le Brun construit le décor, Torelli conçu la mise en scène et les machines. L'agrément du roi, sensible à la suggestion qu'il fait d'enrichir la comédie en ajoutant un importun au défilé des fâcheux, apporte à Molière une faveur qui va l'accompagner pendant dix ans et lui assurer une protection qui sera la véritable garantie de sa liberté d'écrivain. Non seulement, en effet, Molière va bien vite bénéficier de la largesse royale et se trouver sur la liste des pensionnés officiels ; non seulement il va s'engager, à Versailles, dans la conception de spectacles somptueux et découvrir, pour répondre au goût de la cour et grâce à la collaboration de Lully, toutes les ressources de la comédie-ballet ; mais, plus encore, il va pouvoir, se sachant soutenu par le roi, tenter toutes les audaces et affronter toutes les tempêtes. La façon dont Molière pose un regard neuf sur la société qui l'entoure, cette manière qu'il a, dans* L'École des femmes, *de secouer les idées reçues et de faire passer un grand souffle de jeunesse n'est pas pour déplaire à un monarque jeune, préoccupé d'amour et de plaisir. Les débuts du règne sont, en effet, marqués par une liberté de ton et de mœurs dont la « nouvelle cour » donne l'exemple, face aux tenants de la « vieille cour », partisans d'un rigorisme mondain et moral, qui se regroupent autour de la reine mère. Dans la querelle qui s'élève contre Molière, celui-ci voit déjà poindre les groupes de pression, parmi lesquels le parti dévot, qui agissent pour que l'ordre et la tradition soient en tout respectés. La violence du débat, qui préfigure la longue querelle autour du* Tartuffe, *s'inscrit dans une conjoncture historique qui dépasse largement le sort d'un simple comédien : les vrais enjeux sont politiques et touchent à l'orientation du pouvoir. L'année même où Molière donne* L'École des femmes, *Bossuet, appelé par Anne d'Autriche, a quelques mois plus tôt prêché le carême au Louvre devant la cour, l'exhortant à quitter toute vie frivole pour répondre aux exigences chrétiennes. Dans un tel contexte, les ennemis de Molière ont beau jeu de dénoncer les sermons d'Arnolphe comme blasphématoires : « Un sermon touche l'âme et jamais ne fait rire », dit fielleusement Boursault dans* Le Portrait du peintre. *Il faut donc à Molière s'assurer de ses appuis à la cour pour pouvoir exercer son art comme il l'entend. Les dédicaces qui accompagnent chacune des comédies qu'il présente dans ces années-là témoignent d'une prudence et d'un savoir-faire eux-mêmes révélateurs d'une intelligence en profondeur de ce milieu pourtant complexe.* L'École des maris *est dédiée à Monsieur, frère du roi, le protecteur initial de la troupe, celui dont elle porte le nom.* L'École des femmes *est offerte à son épouse, Madame, Henriette d'Angleterre, véritable centre de la cour, et qui, par ses qualités de cœur et d'esprit, apparaît comme une protectrice efficace et convaincue des écrivains. La dédicace de* La Critique *à la reine mère marquera un degré supplémentaire dans la stratégie moliéresque : non seulement Anne d'Autriche aime le théâtre, mais ses vertus chrétiennes, unanimement reconnues puisque le parti dévot compte particulièrement sur elle, sont la meilleure des garanties ; avec une telle caution, qui oserait accuser Molière d'impiété ? Degré ultime,* L'Impromptu de Versailles, *sans être dédicacé, donnera la place centrale au roi lui-même : véritable axe de la comédie, celui-ci en est, en fait, l'organisateur, puisque c'est sur son ordre que Molière et sa troupe entreprennent de répéter la pièce qu'il leur a commandée, et que c'est par sa grâce qu'ils peuvent cesser la répétition et remettre à plus tard la représentation.* L'Impromptu *est fait pour le roi, et à partir de lui, qui en assure l'ouverture et le dénouement. Et le fait qu'il soit* de Versailles *traduit clairement d'où parle Molière, d'où il joue et d'où il tire sa raison d'être.*

S'il a ainsi besoin de la protection du roi et de la cour, Molière n'entend pas pour autant leur aliéner sa liberté. Sa prudence n'implique aucune complaisance. Mieux même : en s'adressant à un public noble, il découvre, lors des multiples représentations qu'il donne à Versailles, à Chambord, à Saint-Germain ou « en visite » chez les Grands, un vaste champ d'observation dont il va nourrir son théâtre. Les courtisans forment un monde, un « pays », dira La Fontaine, ayant ses lois propres, ses coutumes, ses règles. Si Molière ne met nullement en cause le système sur lequel repose cette société de cour, il n'hésite pas, néanmoins, à renvoyer aux courtisans leur propre image. Un des principaux effets de la querelle que suscite L'École des femmes, *laquelle lui attire l'hostilité des esprits les plus étroits et les plus conservateurs de la cour, sera précisément cette audace prise délibérément par Molière de tendre devant les courtisans un miroir de leurs défauts, plaisamment figurés à travers le personnage du marquis ridicule que présenteront* La Critique de l'École des femmes, *le* Remerciement au Roi *et surtout* L'Impromptu de Versailles : « *Que diable, y dit Molière, voulez-vous qu'on prenne pour un caractère agréable de théâtre ? Le marquis aujourd'hui est le plaisant de la comédie ; et comme dans toutes les comédies anciennes on voit toujours un valet bouffon qui fait rire les auditeurs, de même, dans toutes nos pièces de maintenant, il faut toujours un marquis ridicule qui divertisse la compagnie.* »

Présenter ainsi devant le roi et devant un public où les marquis abondent un courtisan comme le type même de la comédie nouvelle ; montrer sans ambages tous les ridicules du personnage et faire rire les gens de cour d'eux-mêmes : voilà qui témoigne non seulement de l'indépendance d'esprit de Molière, mais plus encore de cette maîtrise totale de son art à laquelle il parvient avec la querelle de L'École des femmes. *L'audace qu'il manifeste à l'égard de son propre public, et qui lui vaudra, d'ailleurs, quelques vengeances cruelles de la part des marquis, apparaît de sa part comme la volonté de franchir l'ultime obstacle social qui pèse encore sur la comédie. Ne craignant pas d'être irrespectueux avec ceux-là mêmes dont il a besoin pour vivre, Molière prouve qu'il n'est rien qui soit interdit à l'auteur comique. C'est à Versailles, lieu symbolique, que, sept mois après* L'Impromptu, *il donnera son premier* Tartuffe.

Molière et les femmes

De tous les sujets importants qui le préoccupent et dont il fait la matière de son théâtre, le premier sur lequel Molière met l'accent est celui des femmes, de leur place et de leur rôle dans la société, de leur éducation, de leurs rapports avec les hommes. La question de la femme apparaît comme un des fils directeurs de l'œuvre : des Précieuses ridicules, *qui marquent les débuts de sa carrière, aux* Femmes savantes, *qui en sont presque le terme, le sujet passionne Molière, comme le montrent les deux* Écoles *qui sont sur ce point les pièces les plus riches et les plus explicites. Faut-il voir dans cette double histoire d'un homme déjà mûr, et même sur le penchant de l'âge, qui s'entiche d'une toute jeune fille et se trouve comme obsédé par les risques de cocuage que lui fait courir le jeune âge de sa protégée, le reflet des propres inquiétudes d'un Molière épousant, à quarante et un ans, la jeune Armande Béjart, qui n'en a pas vingt ? On peut remarquer que les premiers à avoir suggéré une telle influence de sa vie privée sur sa création sont ses adversaires de la querelle. Dans les* Nouvelles nouvelles, *Donneau de Visé donne le ton :* « Si vous voulez savoir pourquoi presque dans toutes ses pièces il raille tant les cocus, et dépeint si naturellement les jaloux, c'est qu'il est du nombre de ces derniers. » Et Montfleury, *raillé dans* L'Impromptu, *ira même plus loin, comme le rappelle une lettre de Racine à l'abbé Le Vasseur (éd. Picard, Pléiade, t. II, p. 459) :* « Montfleury a fait une requête contre Molière et l'a donnée au roi. Il l'accuse d'avoir épousé la fille, et d'avoir autrefois couché avec la mère. » Jaloux, cocu, incestueux : les rapports de Molière* *avec les femmes ont d'abord nourri la calomnie. Est-ce à dire, cependant, qu'aucune préoccupation personnelle n'ait pu passer dans la façon dont Molière parle des femmes sur la scène ? L'affirmer serait méconnaître le fait que la vie privée de l'homme est, de façon constante et concrète, liée au monde du théâtre. C'est par Madeleine Béjart que Molière se lance véritablement dans la carrière. Même si les circonstances de cette rencontre ne sont pas exactement celles que suggère Tallemant des Réaux dans ses* Histo-riettes *(« Un garçon, nommé Molière, écrit-il, quitta les bancs de la Sorbonne pour la suivre ; il en fut longtemps amoureux, donnait des avis à la troupe, et enfin s'en mit et l'épousa » — éd. Adam, Pléiade, t. II, p. 778), il n'en reste pas moins que c'est par une femme, Madeleine, que Molière s'est initié au théâtre. Et la promiscuité, de règle au sein d'une troupe itinérante, l'amène aussi à entretenir avec d'autres actrices des liens qui ne sont pas seulement professionnels : si la Du Parc reste sourde à ses avances, Catherine De Brie le console, en attendant Armande, la jeune sœur de Madeleine. Comment dès lors ignorer cette dimension intime dans les rapports de Molière avec les co-médiennes auxquelles il confie les rôles les plus importants de ses pièces ? La vivacité et la liberté de ton dont témoi-gnera la première scène de* L'Impromptu *ne sauraient se comprendre si l'on oublie que, des quatre actrices qui lui font face et qui n'hésitent pas à lui tenir tête, il a été le soupirant de l'une, l'amant des deux autres, et qu'il vient d'épouser la dernière ! Et lorsque Madeleine lui suggère quelque sujet à traiter, lorsque la Du Parc le prend de haut, lorsque la De Brie laisse percer quelque jalousie, lorsque enfin Armande lui fait plaisamment une scène de ménage, les rôles qu'il leur prête, et qu'il a écrits pour chacune d'elles, se ressentent de la connaissance qu'il a et de leur caractère de femmes et de leur talent de comédiennes. Ce qui règne à ce moment-là, sur la scène du théâtre, c'est une totale complicité, les actrices n'étant pas plus dupes de l'emploi qu'il leur fait tenir que Molière de leur capacité à le jouer. À cet égard, Armande apparaît comme une débutante, et si elle tient sa place dans* La Critique, *le rôle d'Agnès dans* L'École des femmes *est revenu à Catherine De Brie, actrice beaucoup plus chevronnée. Toute identification du couple Arnolphe-Agnès avec le couple Molière-Armande ne correspond donc pas à cette illusion première qui est celle de la scène. Il n'est pas avéré non plus qu'elle corresponde davantage à la réalité du couple à ce moment-là : le mariage a eu lieu au début de l'année 1662, et rien n'indique que, quelques mois plus tard, Molière puisse avoir déjà des craintes fondées quant à la fidélité de sa femme, ni qu'Armande, formée à l'école du théâtre, présente la même ingénuité qu'Agnès, et ait pareillement besoin d'être dessillée. Par ailleurs, le thème du cocuage est une telle tarte à la crème de la tradition comique, et Molière l'a utilisé si souvent déjà, qu'il n'est guère besoin de faire intervenir quelque influence vécue, ou à vivre, pour expliquer son choix. Tout au plus peut-on penser qu'au moment même où il se marie, il accorde une particulière attention à une question qui l'intéresse au premier chef. Et qu'à cette occasion, certains des sentiments, des réflexions, des désirs, des craintes, voire des fantasmes qui sont les siens et qui forment sa vie intérieure puissent nourrir les pièces qu'il écrit, la chose n'est pas niable : elle est le propre de toute création.*

Ce qu'il est peut-être plus important de déterminer, c'est la façon dont Molière réagit à cette question de la femme qu'il n'est pas le seul à soulever, mais qui agite en fait toute son époque. Dans un débat que les précieuses, et notamment Mlle de Scudéry, ont contribué à mettre au goût du jour, les partisans d'une plus grande liberté de la femme font porter leurs efforts sur deux points, où ils voient les sources essentielles de la dépendance féminine : l'éducation et le mariage. Que Molière choisisse d'écrire tour à tour une École des maris *et une* École des femmes *montre dès l'abord qu'il entend s'attacher, les deux titres le prouvent, à ce double aspect, essentiel, des choses. Et que, dans les deux cas, il choisisse une situation qui met face à face un homme d'un certain âge et une jeune fille lui permet de lier les deux problèmes. L'homme, que ce soit Sganarelle ou Arnolphe, se voit, en effet, envisagé dans sa double fonction de maître — dominus et magister. La tutelle qu'il exerce sur sa jeune pupille traduit à la fois l'autorité sociale que la loi reconnaît au mari sur sa femme et l'autorité morale que l'éducateur exerce sur son élève. Vu sous l'angle social, l'âge des protagonistes enrichit même la figure de l'époux de celle du père : Isabelle comme Agnès pourraient être les filles de leur protecteur, et d'ailleurs elles le sont au regard de la loi. En effet, dans les deux cas, les conditions dans lesquelles elles ont, tout enfants, été confiées à leurs tuteurs garantissent légalement à ceux-ci autorité parentale pleine et entière sur leurs pupilles. Sganarelle le précise, lorsqu'il rappelle à Ariste que le père de Léonor et d'Isabelle*

Sur elles, par contrat, nous sut, dès leur enfance
Et de père et d'époux donner pleine puissance
(v. 103-104).

Peut-on en conclure que Molière, permettant à ses deux

jeunes héroïnes d'échapper à l'autorité du père-époux auquel elles sont soumises, entreprend une croisade pour la libération de la femme ? Les choses sont, de fait, plus complexes. Le statut juridique de la femme au XVIIe siècle n'est pas aussi totalement négatif qu'on l'a longtemps répété. Il existe bel et bien des pouvoirs féminins, y compris juridiquement assurés, dans la société d'Ancien Régime. Et si une fille mineure de vingt-cinq ans n'est pas en droit de se choisir un époux sans l'autorisation de ses parents, la contrainte existe aussi, et même plus forte, pour les garçons, puisque pour eux la minorité en ce domaine va jusqu'à trente ans ! Toute manœuvre qui amène le jeune homme à soustraire la jeune fille à l'autorité de ses parents — que ce soit rapt de séduction ou, plus radicalement encore, rapt de violence — est passible des peines les plus lourdes. Dans ces conditions, le sort de Valère dans L'École des maris *et surtout d'Horace dans* L'École des femmes *se trouve très fortement lié à celui d'Isabelle et d'Agnès. Les conseils et le secours qu'Horace vient chercher auprès d'Arnolphe, véritable substitut de son père absent, l'intervention qu'il lui demande pour obtenir le consentement d'Oronte lorsque celui-ci est de retour montrent bien qu'en matière de mariage, les choses ne sont guère plus faciles pour le jeune homme que pour la jeune fille. Vues sous cet angle-là, les deux* Écoles, *en ce qui concerne la question du mariage, revendiquent moins une liberté exclusivement féminine que la prise en compte du choix des enfants par leurs parents : revendication que Molière ne cessera jamais de mettre en avant, de pièce en pièce, tout au long de sa carrière.*

Toutefois, pour exercer cette liberté, encore faut-il être en mesure d'apprendre à l'assurer. C'est bien là que la réflexion de Molière apparaît la plus pénétrante. Face à un système qui prépare la femme à un rôle passif, en refusant de lui reconnaître la dimension intellectuelle, il met au grand jour, en la portant sur la scène, l'inanité d'une telle démarche. Vouloir maintenir la femme dans l'enfance en la privant de toute véritable éducation, c'est en fait, pour Molière, mutiler la nature humaine. La façon dont Arnolphe prétend élever Agnès, en lui donnant comme seule perspective la sottise et l'ignorance, relève du crime contre l'esprit et de l'abus de pouvoir. Si Molière prend en compte la revendication féministe des précieuses concernant la légitimité, pour les filles, d'une éducation que la société du temps se refuse à leur donner, c'est moins pour défendre les femmes en tant que telles (capables, elles aussi, de l'excès inverse, le pédantisme, comme le montreront Les Femmes savantes*) que pour affirmer l'imprescriptible liberté pour tout être humain de pouvoir être lui-même. Dans la mesure où cette liberté se trouve particulièrement mise en question dans le cas des femmes, la démonstration de leur aptitude à apprendre, à aimer, à vivre apparaît d'autant plus éclatante. Si le personnage d'Agnès se révèle infiniment plus riche, en la matière, que celui d'Isabelle, c'est que la pupille d'Arnolphe a tout à découvrir. Et qu'elle puisse ainsi, contre la volonté et les manœuvres de son tuteur, lui-même infiniment plus retors et complexe que le naïf Sganarelle, s'éveiller si rapidement à la vie, découvrir l'amour et sentir sa propre ignorance des choses prouve, mieux que toutes les théories, la force de la nature. C'est parce qu'il croit en l'homme, en ses ressources intimes et en sa capacité à exercer sa liberté que Molière croit en la femme. À cet égard,* L'École des femmes *ne peut être réduite à une sorte d'excroissance féministe*

dans l'œuvre de Molière. Son audace est finalement beau-
coup plus absolue ; elle dit la grande leçon de l'œuvre, que
répéteront toutes les comédies qui suivent : il n'est nulle
organisation sociale, nulle puissance spirituelle, nul sys-
tème moral qui soit acceptable s'il ne fait, d'abord,
confiance à la nature humaine.

JEAN SERROY

NOTE SUR LE TEXTE

Le texte reproduit l'édition originale de 1663, 2ᵉ tirage (ce deuxième tirage apporte quelques corrections au premier. Nous reproduisons ces variantes en note).

L'École des femmes

COMÉDIE

À MADAME [1]

Madame,

Je suis le plus embarrassé homme du monde, lorsqu'il me faut dédier un livre ; et je me trouve si peu fait au style d'épître dédicatoire, que je ne sais pas où sortir de celle-ci. Un autre auteur qui serait en ma place trouverait d'abord cent belles choses à dire de Votre Altesse Royale, sur le titre de *L'École des femmes*, et l'offre qu'il vous en ferait. Mais, pour moi, Madame, je vous avoue mon faible [2]. Je ne sais point cet art de trouver des rapports entre des choses si peu proportionnées ; et, quelques belles lumières que mes confrères les auteurs me donnent tous les jours sur de pareils sujets, je ne vois point ce que Votre Altesse Royale pourrait avoir à démêler avec la comédie que je lui pré-

---

1. Henriette d'Angleterre, épouse de Monsieur, frère du roi. Molière, qui avait dédié *L'École des maris* au mari, dédie *L'École des femmes...* à la femme. La haute protection de cette princesse à l'intelligence vive, goûtant, dit Bossuet, « la beauté des ouvrages de l'esprit », et qui tient à la cour le tout premier rang, n'est pas d'un poids négligeable pour Molière dans la querelle qui s'est engagée autour de sa pièce dès les premières représentations.
2. *Faible :* insuffisance, imperfection, « principal défaut d'une personne » (F). René Bary, dans sa *Rhétorique française* (1653), souligne que les courtisans emploient plus volontiers « faible » que « faiblesse ».

sente. On n'est pas en peine, sans doute, comment il faut faire pour vous louer. La matière, Madame, ne saute que trop aux yeux ; et, de quelque côté qu'on vous regarde, on rencontre gloire sur gloire, et qualités sur qualités. Vous en avez, Madame, du côté du rang et de la naissance, qui vous font respecter de toute la terre. Vous en avez du côté des grâces, et de l'esprit et du corps, qui vous font admirer de toutes les personnes qui vous voient. Vous en avez du côté de l'âme, qui, si l'on ose parler ainsi, vous font aimer de tous ceux qui ont l'honneur d'approcher de vous : je veux dire cette douceur pleine de charmes, dont vous daignez tempérer la fierté des grands titres que vous portez ; cette bonté toute obligeante, cette affabilité généreuse que vous faites paraître pour tout le monde[1]. Et ce sont particulièrement ces dernières pour qui je suis, et dont je sens fort bien que je ne me pourrai taire quelque jour. Mais encore une fois, Madame, je ne sais point le biais de faire entrer ici des vérités si éclatantes ; et ce sont choses, à mon avis, et d'une trop vaste étendue et d'un mérite trop relevé, pour les vouloir renfermer dans une épître, et les mêler avec des bagatelles. Tout bien considéré, Madame, je ne vois rien à faire ici pour moi, que de vous dédier simplement ma co-médie, et de vous assurer, avec tout le respect qu'il m'est possible, que je suis,

De Votre Altesse Royale,
    Madame,

Le très humble, très obéissant
et très obligé serviteur,

J. B. MOLIÈRE.

1. Portrait qui n'est pas de flatterie. On en retrouve les princi-paux traits dans l'oraison funèbre que Bossuet composera à la mort de la princesse, en 1670.

PRÉFACE

Bien des gens ont frondé d'abord cette comédie ; mais les rieurs ont été pour elle, et tout le mal qu'on en a pu dire n'a pu faire qu'elle n'ait eu un succès dont je me contente.

Je sais qu'on attend de moi dans cette impression quelque préface qui réponde aux censeurs et rende raison de mon ouvrage ; et sans doute que je suis assez redevable à toutes les personnes qui lui ont donné leur approbation, pour me croire obligé de défendre leur jugement contre celui des autres ; mais il se trouve qu'une grande partie des choses que j'aurais à dire sur ce sujet est déjà dans une dissertation que j'ai faite en dialogue, et dont je ne sais encore ce que je ferai[1]. L'idée de ce dialogue, ou, si l'on veut, de cette petite comédie, me vint après les deux ou trois premières représentations de ma pièce. Je la dis, cette idée, dans une maison où je me trouvai un soir, et d'abord

---

1. Molière indique ici la genèse de sa *Critique de l'École des femmes*, qui sera représentée le 1ᵉʳ juin 1663, soit deux mois et demi après la publication de *L'École des femmes*, dont l'achevé d'imprimer est du 17 mars.

une personne de qualité[1], dont l'esprit est assez connu dans le monde, et qui me fait l'honneur de m'aimer, trouva le projet assez à son gré, non seulement pour me solliciter d'y mettre la main, mais encore pour l'y mettre lui-même ; et je fus étonné que deux jours après il me montra toute l'affaire exécutée d'une manière à la vérité beaucoup plus galante et plus spirituelle que je ne puis faire, mais où je trouvai des choses trop avantageuses pour moi ; et j'eus peur que, si je produisais cet ouvrage sur notre théâtre, on ne m'accusât d'abord d'avoir mendié les louanges qu'on m'y donnait. Cependant cela m'empêcha, par quelque considération, d'achever ce que j'avais commencé. Mais tant de gens me pressent tous les jours de le faire, que je ne sais ce qui en sera ; et cette incertitude est cause que je ne mets point dans cette préface ce qu'on verra dans la *Critique*, en cas que je me résolve à la faire paraître. S'il faut que cela soit, je le dis encore, ce sera seulement pour venger le public du chagrin délicat[2] de certaines gens ; car, pour moi, je m'en tiens assez vengé par la réussite de ma comédie ; et je souhaite que toutes celles que je pourrai faire soient traitées par eux comme celle-ci, pourvu que le reste soit de même.

1. Donneau de Visé, dans ses *Nouvelles nouvelles*, désigne l'abbé Du Buisson comme étant cette « personne de qualité ». Ami de Molière, très introduit dans les ruelles, l'abbé aurait, par sa comédie, donné à Molière l'idée d'écrire lui-même sa propre défense, « croyant qu'il était seul capable de se donner des louanges ».

2. *Délicat* : « Chatouilleux, pointilleux, qui se fâche pour rien » (R).

*Représentée pour la première fois
à Paris, sur le Théâtre du Palais-Royal,
le 26 décembre 1662,
par la Troupe de Monsieur
Frère Unique du Roi.*

LES PERSONNAGES

ARNOLPHE, autrement M. DE LA SOUCHE [1].
AGNÈS, jeune fille innocente, élevée par Arnolphe [2].
HORACE, amant d'Agnès [3].
ALAIN, paysan, valet d'Arnolphe.
GEORGETTE, paysanne, servante d'Arnolphe.
CHRYSALDE, ami d'Arnolphe.

1. *Arnolphe :* le nom renvoie au saint patron des maris trompés
(« Saint Ernol, le seigneur des cous (= cocus) », dit *Le Roman de
la Rose*). C'est Molière qui crée le rôle. Pour son costume, que
l'inventaire ne mentionne pas, on peut se reporter au *Tableau des
farceurs français et italiens* (1670), où Molière est représenté en
Arnolphe. On apprendra, au v. 170, qu'Arnolphe a quarante-deux
ans : c'est très exactement l'âge de Molière au moment de la
création.
2. *Agnès :* le prénom évoque la candeur, à l'image de sainte
Agnès, martyre à treize ans, vierge dont les cheveux s'étaient allongés pour voiler sa nudité. Le rôle était tenu par Catherine De Brie,
qui avait alors trente-trois ans, et qui le tint jusqu'à plus de
soixante.
3. *Horace :* dans la comédie italienne, Horatio est le nom habi-
tuel de l'amoureux. Le rôle était interprété par La Grange, qui le
tenait encore en 1685, tout comme Brécourt pour Alain et Mlle La
Grange pour Georgette. On ne sait rien du reste de la distribution.

ENRIQUE, beau-frère de Chrysalde.
ORONTE, père d'Horace et grand ami d'Arnolphe.

La scène est dans une place de ville[1].

---

1. L'édition de 1734 précise, abusivement, « À Paris, dans une place de faubourg ». Le *Mémoire* du machiniste Mahelot indique simplement : « Le théâtre est deux maisons sur le devant et le reste est une place de ville. »

ACTE PREMIER [1]

SCÈNE PREMIÈRE

CHRYSALDE, ARNOLPHE

CHRYSALDE

Vous venez, dites-vous, pour lui donner la main [2] ?

ARNOLPHE

Oui, je veux terminer la chose dans demain.

CHRYSALDE

Nous sommes ici seuls ; et l'on peut, ce me semble,
Sans craindre d'être ouïs, y discourir ensemble :

1. Nous nous sommes principalement servi, pour éclairer les expressions vieillies ou dont le sens méritait quelque précision, des dictionnaires suivants, désignés par les lettres :
A — *Dictionnaire de l'Académie française*, 1694.
F — Furetière, *Dictionnaire universel*, 1690.
R — Richelet, *Dictionnaire français*, 1680.
2. *Donner la main :* « Promettre la foi du mariage » (F), épouser.

5   Voulez-vous qu'en ami je vous ouvre mon cœur ?
    Votre dessein pour vous me fait trembler de peur ;
    Et de quelque façon que vous tourniez l'affaire,
    Prendre femme est à vous un coup bien <u>téméraire</u>.

ARNOLPHE

    Il est vrai, notre ami. Peut-être que chez vous
10 Vous trouvez des sujets de craindre pour chez nous ;
    Et votre front, je crois, veut que du mariage
    Les <u>cornes</u> soient partout l'<u>infaillible</u> ap<u>anage</u>.

CHRYSALDE

    Ce sont coups du hasard, dont on n'est point <u>garant,</u>
    Et bien <u>sot</u>, ce me semble, est le soin qu'on en prend.
15 Mais quand je crains pour vous, c'est cette raillerie
    Dont cent pauvres maris ont souffert la furie ;
    Car enfin vous savez qu'il n'est grands ni petits
    Que de votre critique on ait vus garantis ;
    Que vos plus grands plaisirs[1] sont, partout où vous êtes,
20 De faire cent éclats des intrigues secrètes...

ARNOLPHE

    Fort bien : est-il au monde une autre ville aussi
    Où l'on ait des maris si patients qu'ici ?
    Est-ce qu'on n'en voit pas, de toutes les espèces,
    Qui sont accommodés[2] chez eux de toutes pièces ?
25 L'un <u>amasse</u> du bien, dont sa femme fait part

    1. Var. 1er tirage : Car vos plus grands plaisirs.
    2. *Accommodés :* arrangés, maltraités de toutes les manières.
    Emploi ironique qui ne s'utilise que dans « le style le plus
    simple » (R).

À ceux qui prennent soin de le faire cornard ;
L'autre un peu plus heureux, mais non pas moins infâme,
Voit faire tous les jours des présents à sa femme,
Et d'aucun soin jaloux n'a l'esprit combattu,
Parce qu'elle lui dit que c'est pour sa vertu.   30
L'un fait beaucoup de bruit qui ne lui sert de guère ;
L'autre en toute douceur laisse aller les affaires,
Et voyant arriver chez lui le damoiseau,
Prend fort honnêtement ses gants et son manteau.
L'une de son galant, en adroite femelle,   35
Fait fausse confidence à son époux fidèle,
Qui dort en sûreté sur un pareil appas,
Et le plaint, ce galant, des soins qu'il ne perd pas ;
L'autre, pour se purger[1] de sa magnificence,
Dit qu'elle gagne au jeu l'argent qu'elle dépense ;   40
Et le mari benêt, sans songer à quel jeu,
Sur les gains qu'elle fait rend des grâces à Dieu.
Enfin, ce sont partout des sujets de satire :
Et comme spectateur ne puis-je pas en rire ?
Puis-je pas de nos sots[2]... ?   45

CHRYSALDE

           Oui ; mais qui rit d'autrui
Doit craindre qu'en revanche on rie aussi de lui.
J'entends parler le monde ; et des gens se délassent
À venir débiter les choses qui se passent ;
Mais, quoi que l'on divulgue aux endroits où je suis,

---

1. *Se purger :* se justifier. « On dit Se purger d'une accusation
pour dire Faire connaître qu'on est innocent » (A).
2. *Sot :* « Sign. aussi un cocu, un cornard, le mari d'une femme
dissolue ou infidèle » (F).

50   Jamais on ne m'a vu triompher de ces bruits.
     J'y suis assez modeste ; et, bien qu'aux occurrences
     Je puisse condamner certaines tolérances,
     Que mon dessein ne soit de souffrir nullement
     Ce que quelques maris[1] souffrent paisiblement,
55   Pourtant je n'ai jamais affecté[2] de le dire ;
     Car enfin il faut craindre un revers de satire,
     Et l'on ne doit jamais jurer sur de tels cas
     De ce qu'on pourra faire, ou bien ne faire pas.
     Ainsi, quand à mon front, par un sort qui tout mène,
60   Il serait arrivé quelque disgrâce humaine,
     Après mon procédé, je suis presque certain
     Qu'on se contentera de s'en rire sous main ;
     Et peut-être qu'encor j'aurai cet avantage,
     Que quelques bonnes gens diront que c'est dommage,
65   Mais de vous, cher compère, il en est autrement :
     Je vous le dis encor, vous risquez diablement.
     Comme sur les maris accusés de souffrance[3]
     De tout temps votre langue a daubé d'importance,
     Qu'on vous a vu contre eux un diable déchaîné,
70   Vous devez marcher droit pour n'être point berné ;
     Et s'il faut que sur vous on ait la moindre prise,
     Gare qu'aux carrefours on ne vous tympanise[4],
     Et...

---

1. Var. 1er tirage : d'aucuns maris.
2. *Affecté de :* cherché à, aimé à. « Souhaiter quelque chose avec empressement » (F).
3. *Souffrance :* le mot tire du verbe « souffrir » (tolérer, supporter) une nuance de complaisance, de tolérance un peu trop patiente.
4. *Tympanise :* « Décrier hautement et publiquement » (A), comme on publie au son du tympan, du tambour.

ARNOLPHE

Mon Dieu, notre ami, ne vous tourmentez point ;
Bien huppé[1] qui pourra m'attraper sur ce point.
Je sais les tours rusés et les subtiles trames   75
Dont pour nous en planter savent user les femmes,
Et comme on est dupé par leurs dextérités.
Contre cet accident j'ai pris mes sûretés ;
Et celle que j'épouse a toute l'innocence
Qui peut sauver mon front de maligne influence[2].   80

CHRYSALDE

Et que prétendez-vous qu'une sotte, en un mot...

ARNOLPHE

Épouser une sotte est pour n'être point sot[3].
Je crois, en bon chrétien, votre moitié fort sage ;
Mais une femme habile est un mauvais présage ;
Et je sais ce qu'il coûte à de certaines gens   85
Pour avoir pris les leurs avec trop de talents.
Moi, j'irais me charger d'une spirituelle[4]
Qui ne parlerait rien que cercle et que ruelle[5],

1. *Huppé* : « Fin, adroit » (R). Le mot est du registre familier.
2. *Influence* : « Qualité qu'on dit s'écouler du corps des astres
[...] à qui les astrologues attribuent tous les événements qui arri-
vent sur la terre » (F). Ergaste, dans *L'École des maris*, relevait,
à propos de Sganarelle, même influence astrologique : « Au sort
d'être cocu son ascendant l'expose », v. 1099.
3. Jeu de mots sur les deux sens du mot « sot ». Voir note 2,
p. 41.
4. *Spirituelle* : « Se dit aussi d'un esprit éclairé et qui a de
belles lumières et de belles connaissances » (F).
5. Les cercles, assemblées de dames du monde, et les ruelles,
alcôves où les dames de qualité reçoivent leurs familiers, sont les
hauts lieux de la vie mondaine.

Qui de prose et de vers ferait de doux écrits,
90 Et que visiteraient marquis et beaux esprits,
Tandis que, sous le nom du mari de Madame,
Je serais comme un saint que pas un ne réclame[1] ?
Non, non, je ne veux point d'un esprit qui soit haut ;
Et femme qui compose en sait plus qu'il ne faut.
95 Je prétends que la mienne, en clartés peu sublime,
Même ne sache pas ce que c'est qu'une rime ;
Et s'il faut qu'avec elle on joue au corbillon[2]
Et qu'on vienne à lui dire à son tour : « Qu'y met-on ? »
Je veux qu'elle réponde : « Une tarte à la crème » ;
100 En un mot, qu'elle soit d'une ignorance extrême ;
Et c'est assez pour elle, à vous en bien parler,
De savoir prier Dieu, m'aimer, coudre et filer.

CHRYSALDE

Une femme stupide est donc votre marotte[3] ?

ARNOLPHE

Tant, que j'aimerais mieux une laide bien sotte
105 Qu'une femme fort belle avec beaucoup d'esprit.

CHRYSALDE

L'esprit et la beauté...

---

1. *Réclame :* « Invoquer » (F).
2. *Corbillon :* du nom d'un petit panier, jeu de société, où l'on devait répondre à « Qu'y met-on ? » par une rime en -on.
3. *Marotte :* le mot garde ici quelque chose de son sens premier de bâton de bouffon, portant une petite figure en forme de marionnette.

ARNOLPHE

L'honnêteté suffit.

CHRYSALDE

Mais comment voulez-vous, après tout, qu'une bête
Puisse jamais savoir ce que c'est qu'être honnête ?
Outre qu'il est assez ennuyeux, que je crois,
D'avoir toute sa vie une bête avec soi,   110
Pensez-vous le bien prendre, et que sur votre idée
La sûreté d'un front puisse être bien fondée ?
Une femme d'esprit peut trahir son devoir ;
Mais il faut pour le moins qu'elle ose le vouloir ;
Et la stupide au sien peut manquer d'ordinaire,   115
Sans en avoir l'envie et sans penser le faire.

ARNOLPHE

À ce bel argument, à ce discours profond,
Ce que Pantagruel à Panurge répond[1] :
Pressez-moi de me joindre à femme autre que sotte,
Prêchez, patrocinez jusqu'à la Pentecôte ;   120
Vous serez ébahi, quand vous serez au bout,
Que vous ne m'aurez rien persuadé du tout.

CHRYSALDE

Je ne vous dis plus mot.

---

1. Ellipse du verbe (je réponds) marquant la brutalité et l'entê-
tement d'Arnolphe. La citation renvoie au chapitre V du *Tiers
Livre* de Rabelais.

ARNOLPHE

Chacun a sa méthode.
En femme, comme en tout, je veux suivre ma mode.
125 Je me vois riche assez pour pouvoir, que je crois,
Choisir une moitié qui tienne tout de moi,
Et de qui la soumise et pleine dépendance
N'ait à me reprocher aucun bien ni naissance.
Un air doux et posé, parmi d'autres enfants,
130 M'inspira de l'amour pour elle dès quatre ans ;
Sa mère se trouvant de pauvreté pressée,
De la lui demander il me vint la pensée ;
Et la bonne paysanne[1], apprenant mon désir,
À s'ôter cette charge eut beaucoup de plaisir.
135 Dans un petit couvent, loin de toute pratique[2],
Je la fis élever selon ma politique,
C'est-à-dire ordonnant quels soins on emploirait
Pour la rendre idiote autant qu'il se pourrait.
Dieu merci, le succès a suivi mon attente :
140 Et grande, je l'ai vue à tel point innocente,
Que j'ai béni le Ciel d'avoir trouvé mon fait,
Pour me faire une femme au gré de mon souhait.
Je l'ai donc retirée ; et comme ma demeure
À cent sortes de monde est ouverte à toute heure,
145 Je l'ai mise à l'écart, comme il faut tout prévoir,
Dans cette autre maison où nul ne me vient voir ;
Et pour ne point gâter sa bonté naturelle,
Je n'y tiens que des gens tout aussi simples qu'elle,

1. *Paysanne :* le mot est prononcé en synérèse.
2. *Pratique :* « Se dit aussi pour Fréquentation, conversation »
(A).

Vous me direz : Pourquoi cette narration ?
C'est pour vous rendre instruit de ma précaution.   150
Le résultat de tout est qu'en ami fidèle
Ce soir je vous invite à souper avec elle,
Je veux que vous puissiez un peu l'examiner,
Et voir si de mon choix on me doit condamner.

CHRYSALDE

J'y consens.   155

ARNOLPHE

      Vous pourrez, dans cette conférence,
Juger de sa personne et de son innocence.

CHRYSALDE

Pour cet article-là, ce que vous m'avez dit
Ne peut...

ARNOLPHE

      La vérité passe encor mon récit.
Dans ses simplicités à tous coups je l'admire,
Et parfois elle en dit dont je pâme de rire.   160
L'autre jour (pourrait-on se le persuader ?),
Elle était fort en peine, et me vint demander,
Avec une innocence à nulle autre pareille,
Si les enfants qu'on fait se faisaient par l'oreille[1].

---

1. Agnès a entendu parler quelque prédicateur ou lu quelque
Office de la Vierge, indiquant la conception auriculaire du Christ
(« Virgo... quae per aurem concepisti »). Elle ne fait que générali-
ser la leçon apprise.

CHRYSALDE

165 Je me réjouis fort, Seigneur Arnolphe...

ARNOLPHE

Bon !
Me voulez-vous toujours appeler de ce nom ?

CHRYSALDE

Ah ! malgré que j'en aie, il me vient à la bouche,
Et jamais je ne songe à Monsieur de la Souche.
Qui diable vous a fait aussi vous aviser,
170 À quarante et deux ans, de vous débaptiser,
Et d'un vieux tronc pourri de votre métairie
Vous faire dans le monde un nom de seigneurie ?

ARNOLPHE

Outre que la maison par ce nom se connaît,
La Souche plus qu'Arnolphe à mes oreilles plaît.

CHRYSALDE

175 Quel abus de quitter le vrai nom de ses pères
Pour en vouloir prendre un bâti sur des chimères !
De la plupart des gens c'est la démangeaison ;
Et, sans vous embrasser dans la comparaison,
Je sais un paysan qu'on appelait Gros-Pierre,
180 Qui n'ayant pour tout bien qu'un seul quartier de terre,
Y fit tout à l'entour faire un fossé bourbeux,
Et de Monsieur de l'Isle en prit le nom pompeux [1].

---

1. L'allusion vise sans doute malicieusement les deux Corneille : Gros-Pierre pour l'un, Monsieur de l'Isle pour l'autre (c'était le nom de Thomas Corneille).

ARNOLPHE

Vous pourriez vous passer d'exemples de la sorte.
Mais enfin de la Souche est le nom que je porte :
J'y vois de la raison, j'y trouve des appas ;   185
Et m'appeler de l'autre est ne m'obliger pas.

CHRYSALDE

Cependant la plupart ont peine à s'y soumettre,
Et je vois même encor des adresses de lettre...

ARNOLPHE

Je le souffre aisément de qui n'est pas instruit ;
Mais vous...   190

CHRYSALDE

      Soit : là-dessus nous n'aurons point de bruit.
Et je prendrai le soin d'accoutumer ma bouche
À ne plus vous nommer que Monsieur de la Souche.

ARNOLPHE

Adieu. Je frappe ici pour donner le bonjour,
Et dire seulement que je suis de retour.

CHRYSALDE, *s'en allant.*

Ma foi, je le tiens fou de toutes les manières.   195

ARNOLPHE

Il est un peu blessé[1] sur certaines matières.

1. *Blessé :* « Un extravagant a l'esprit blessé, est blessé du cerveau » (F).

Chose étrange de voir comme avec passion
Un chacun est chaussé de son opinion !
Holà !

SCÈNE II

ALAIN, GEORGETTE, ARNOLPHE

ALAIN

Qui heurte ?

ARNOLPHE

Ouvrez. On aura, que je pense,
200 Grande joie à me voir après dix jours d'absence.

ALAIN

Qui va là ?

ARNOLPHE

Moi.

ALAIN

Georgette !

GEORGETTE

Hé bien ?

ALAIN

Ouvre là-bas.

GEORGETTE

Vas-y, toi.

ALAIN

Vas-y, toi.

GEORGETTE

Ma foi, je n'irai pas.

ALAIN

Je n'irai pas aussi.

ARNOLPHE

Belle cérémonie
Pour me laisser dehors ! Holà ho, je vous prie.

GEORGETTE

Qui frappe ?   205

ARNOLPHE

Votre maître.

GEORGETTE

Alain !

ALAIN

Quoi ?

GEORGETTE

C'est Monsieur.
Ouvre vite.

ALAIN

Ouvre, toi.

GEORGETTE

Je souffle notre feu.

ALAIN

J'empêche, peur du chat, que mon moineau ne sorte.

ARNOLPHE

Quiconque de vous deux n'ouvrira pas la porte
N'aura point à manger de plus de quatre jours.
210　Ha !

GEORGETTE

Par quelle raison y venir, quand j'y cours ?

ALAIN

Pourquoi plutôt que moi ? Le plaisant strodagème[1] !

GEORGETTE

Ôte-toi donc de là.

ALAIN

Non, ôte-toi, toi-même.

GEORGETTE

Je veux ouvrir la porte.

---

1. *Strodagème :* Alain est comme la Martine des *Femmes savantes :* il écorche quelque peu la langue !

ALAIN

Et je veux l'ouvrir, moi.

GEORGETTE

Tu ne l'ouvriras pas.

ALAIN

Ni toi non plus.

GEORGETTE

Ni toi.

ARNOLPHE

Il faut que j'aie ici l'âme bien patiente !   215

ALAIN

Au moins, c'est moi, Monsieur.

GEORGETTE

Je suis votre servante,

C'est moi.

ALAIN

Sans le respect de Monsieur que voilà,

Je te...

ARNOLPHE, *recevant un coup d'Alain.*

Peste !

ALAIN

Pardon.

ARNOLPHE

Voyez ce lourdaud-là !

ALAIN

C'est elle aussi, Monsieur...

ARNOLPHE

Que tous deux on se taise,
220 Songez à me répondre, et laissons la fadaise.
Hé bien, Alain, comment se porte-t-on ici ?

ALAIN

Monsieur, nous nous... Monsieur, nous nous por... Dieu
[merci,
Nous nous...

*Arnolphe ôte par trois fois le chapeau de
dessus la tête d'Alain.*

ARNOLPHE

Qui vous apprend, impertinente bête,
À parler devant moi le chapeau sur la tête ?

ALAIN

225 Vous faites bien, j'ai tort.

ARNOLPHE, *à Alain.*

Faites descendre Agnès.

À Georgette.

Lorsque je m'en allai, fut-elle triste après ?

GEORGETTE

Triste ? Non.

ARNOLPHE

Non ?

GEORGETTE

Si fait.

ARNOLPHE

Pourquoi donc... ?

GEORGETTE

Oui, je meure,
Elle vous croyait voir de retour à toute heure ;
Et nous n'oyions jamais passer devant chez nous
Cheval, âne, ou mulet, qu'elle ne prît pour vous.   230

SCÈNE III

AGNÈS, ALAIN, GEORGETTE, ARNOLPHE

ARNOLPHE

La besogne à la main ! C'est un bon témoignage.
Hé bien ! Agnès, je suis de retour du voyage :
En êtes-vous bien aise ?

AGNÈS

Oui, Monsieur, Dieu merci.

ARNOLPHE

Et moi de vous revoir je suis bien aise aussi.
235 Vous vous êtes toujours, comme on voit, bien portée ?

AGNÈS

Hors les puces, qui m'ont la nuit inquiétée.

ARNOLPHE

Ah ! vous aurez dans peu quelqu'un pour les chasser.

AGNÈS

Vous me ferez plaisir.

ARNOLPHE

                    Je le puis bien penser.
Que faites-vous donc là ?

AGNÈS

                    Je me fais des cornettes.
240 Vos chemises de nuit et vos coiffes [1] sont faites.

ARNOLPHE

Ha ! voilà qui va bien. Allez, montez là-haut :
Ne vous ennuyez point, je reviendrai tantôt,
Et je vous parlerai d'affaires importantes.

                    Tous étant rentrés.

---

1. *Coiffes :* « Garniture de bonnet de nuit, qui est de linge, et
qu'on change quand elle est sale » (F). Les cornettes sont aussi
des bonnets de nuit, mais à l'usage des femmes. Les occupations
d'Agnès — coiffes et cornettes — devraient alerter un Arnolphe
si désireux d'éviter les cornes et de n'être pas coiffé !

Héroïnes du temps, Mesdames les savantes,
Pousseuses[1] de tendresse et de beaux sentiments,   245
Je défie à la fois tous vos vers, vos romans,
Vos lettres, billets doux, toute votre science
De valoir cette honnête et pudique ignorance.

SCÈNE IV

HORACE, ARNOLPHE

ARNOLPHE

Ce n'est point par le bien qu'il faut être ébloui ;
Et pourvu que l'honneur soit... Que vois-je ? Est-ce ?...   250
                                                        [Oui.
Je me trompe. Nenni. Si fait. Non, c'est lui-même.
Hor...

HORACE

Seigneur Ar...

ARNOLPHE

Horace !

HORACE

Arnolphe.

1. *Pousseuses :* le mot est du langage précieux. « Pousser de beaux sentiments », c'est « se piquer de dire de jolies et de belles pensées, des choses galantes » (R).

ARNOLPHE

Ah ! joie extrême !

Et depuis quand ici ?

HORACE

Depuis neuf jours.

ARNOLPHE

Vraiment ?

HORACE

Je fus d'abord chez vous, mais inutilement.

ARNOLPHE

255 J'étais à la campagne.

HORACE

Oui, depuis deux journées.

ARNOLPHE

Oh ! comme les enfants croissent en peu d'années !
J'admire de le voir au point où le voilà,
Après que je l'ai vu pas plus grand que cela.

HORACE

Vous voyez.

ARNOLPHE

Mais, de grâce. Oronte votre père,
260 Mon bon et cher ami, que j'estime et révère,
Que fait-il ? que dit-il ? est-il toujours gaillard ?

À tout ce qui le touche, il sait que je prends part :
Nous ne nous sommes vus depuis quatre ans ensemble.

HORACE

Ni, qui plus est, écrit l'un à l'autre, me semble.
Il est, seigneur Arnolphe, encor plus gai que nous,   265
Et j'avais de sa part une lettre pour vous ;
Mais depuis, par une autre, il m'apprend sa venue,
Et la raison encor ne m'en est pas connue.
Savez-vous qui peut être un de vos citoyens
Qui retourne en ces lieux avec beaucoup de biens   270
Qu'il s'est en quatorze ans acquis dans l'Amérique ?

ARNOLPHE

Non. Vous a-t-on point dit comme on le nomme ?

HORACE

                                        Enrique.

ARNOLPHE

Non.

HORACE

    Mon père m'en parle, et qu'il est revenu
Comme s'il devait m'être entièrement connu,
Et m'écrit qu'en chemin ensemble ils se vont mettre   275
Pour un fait important que ne dit point sa lettre.

ARNOLPHE

J'aurai certainement grande joie à le voir,
Et pour le régaler[1] je ferai mon pouvoir.

1. *Régaler :* « Faire des fêtes, donner des repas, des divertissements à ceux qu'on veut honorer ou réjouir » (F).

Après avoir lu la lettre.

Il faut pour des amis des lettres moins civiles,
280 Et tous ces compliments sont choses inutiles.
Sans qu'il prît le souci de m'en écrire rien,
Vous pouvez librement disposer de mon bien.

HORACE

Je suis homme à saisir les gens par leurs paroles,
Et j'ai présentement besoin de cent pistoles.

ARNOLPHE

285 Ma foi, c'est m'obliger que d'en user ainsi,
Et je me réjouis de les avoir ici.
Gardez aussi la bourse.

HORACE

Il faut...

ARNOLPHE

Laissons ce style [1].
Hé bien ! comment encor trouvez-vous cette ville ?

HORACE

Nombreuse en citoyens, superbe en bâtiments ;
290 Et j'en crois merveilleux les divertissements.

ARNOLPHE

Chacun a ses plaisirs qu'il se fait à sa guise ;
Mais pour ceux que du nom de galants on baptise,

1. Arnolphe arrête Horace, qui s'apprêtait à lui rédiger un reçu.

Ils ont en ce pays de quoi se contenter,
Car les femmes y sont faites à coqueter :
On trouve d'humeur douce et la brune et la blonde,   295
Et les maris aussi les plus bénins du monde ;
C'est un plaisir de prince ; et des tours que je vois
Je me donne souvent la comédie à moi.
Peut-être en avez-vous déjà féru [1] quelqu'une.
Vous est-il point encore arrivé de fortune ?   300
Les gens faits comme vous font plus que les écus,
Et vous êtes de taille à faire des cocus.

HORACE

À ne vous rien cacher de la vérité pure,
J'ai d'amour en ces lieux eu certaine aventure,
Et l'amitié m'oblige à vous en faire part.   305

ARNOLPHE

Bon ! voici de nouveau quelque conte gaillard ;
Et ce sera de quoi mettre sur mes tablettes.

HORACE

Mais, de grâce, qu'au moins ces choses soient secrètes.

ARNOLPHE

Oh !

HORACE

    Vous n'ignorez pas qu'en ces occasions
Un secret éventé rompt nos prétentions.   310
Je vous avouerai donc avec pleine franchise

1. *Féru :* blessé, en style burlesque.

Qu'ici d'une beauté mon âme s'est éprise.
Mes petits soins d'abord ont eu tant de succès,
Que je me suis chez elle ouvert un doux accès ;
315 Et sans trop me vanter ni lui faire une injure,
Mes affaires y sont en fort bonne posture.

ARNOLPHE, *riant.*

Et c'est ?

HORACE, *lui montrant le logis d'Agnès.*

Un jeune objet qui loge en ce logis
Dont vous voyez d'ici que les murs sont rougis ;
Simple, à la vérité, par l'erreur sans seconde
320 D'un homme qui la cache au commerce du monde,
Mais qui, dans l'ignorance où l'on veut l'asservir,
Fait briller des attraits capables de ravir ;
Un air tout engageant, je ne sais quoi de tendre,
Dont il n'est point de cœur qui se puisse défendre.
325 Mais peut-être il n'est pas que vous n'ayez bien vu
Ce jeune astre d'amour de tant d'attraits pourvu :
C'est Agnès qu'on l'appelle.

ARNOLPHE, *à part.*

Ah ! je crève !

HORACE

Pour l'homme
C'est, je crois, de la Zousse ou Source[1] qu'on le nomme :
Je ne me suis pas fort arrêté sur le nom ;
330 Riche, à ce qu'on m'a dit, mais des plus sensés, non ;

1. Var. 1er tirage : ou Souche.

Et l'on m'en a parlé comme d'un ridicule.
Le connaissez-vous point ?

ARNOLPHE, *à part.*

La fâcheuse pilule !

HORACE

Eh ! vous ne dites mot ?

ARNOLPHE

Eh ! oui, je le connois.

HORACE

C'est un fou, n'est-ce pas ?

ARNOLPHE

Eh...

HORACE

Qu'en dites-vous ? quoi ?
Eh ? c'est-à-dire oui ? Jaloux à faire rire ?   335
Sot ? Je vois qu'il en est ce que l'on m'a pu dire.
Enfin l'aimable Agnès a su m'assujettir.
C'est un joli bijou, pour ne vous point mentir ;
Et ce serait péché qu'une beauté si rare
Fût laissée au pouvoir de cet homme bizarre.   340
Pour moi, tous mes efforts, tous mes vœux les plus doux
Vont à m'en rendre maître en dépit du jaloux ;
Et l'argent que de vous j'emprunte avec franchise
N'est que pour mettre à bout cette juste entreprise.
Vous savez mieux que moi, quels que soient nos efforts,   345
Que l'argent est la clef de tous les grands ressorts,

Et que ce doux métal qui frappe tant de têtes,
En amour, comme en guerre, avance les conquêtes.
Vous me semblez chagrin[1] : serait-ce qu'en effet
350 Vous désapprouveriez le dessein que j'ai fait ?

ARNOLPHE

Non, c'est que je songeais...

HORACE

                    Cet entretien vous lasse.
Adieu. J'irai chez vous tantôt vous rendre grâce.

ARNOLPHE

Ah ! faut-il... !

HORACE, *revenant.*

                    Derechef[2], veuillez être discret,
Et n'allez pas, de grâce, éventer mon secret.

ARNOLPHE

355 Que je sens dans mon âme... !

HORACE, *revenant.*

                              Et surtout à mon père,
Qui s'en ferait peut-être un sujet de colère.

ARNOLPHE, *croyant qu'il revient encore.*

Oh !... Oh ! que j'ai souffert durant cet entretien !

1. *Chagrin :* « De fâcheuse, de mauvaise humeur » (A).
2. *Derechef :* « Une autre fois, de nouveau » (A). Richelet note
que le terme est « un peu vieux » et qu'« il ne trouve sa place que
dans le burlesque ».

Jamais trouble d'esprit ne fut égal au mien.
Avec quelle imprudence et quelle hâte extrême
Il m'est venu conter cette affaire à moi-même !　　　360
Bien que mon autre nom le tienne dans l'erreur,
Étourdi montra-t-il jamais tant de fureur ?
Mais ayant tant souffert, je devais me contraindre
Jusques à m'éclaircir de ce que je dois craindre
À pousser jusqu'au bout son caquet indiscret,　　　365
Et savoir pleinement leur commerce secret.
Tâchons à le rejoindre : il n'est pas loin, je pense.
Tirons-en de ce fait l'entière confidence.
Je tremble du malheur qui m'en peut arriver,
Et l'on cherche souvent plus qu'on ne veut trouver.　　　370

ACTE II

SCÈNE PREMIÈRE

ARNOLPHE

Il m'est, lorsque j'y pense avantageux sans doute
D'avoir perdu mes pas et pu manquer sa route ;
Car enfin de mon cœur le trouble impérieux
N'eût pu se renfermer tout entier à ses yeux :
375 Il eût fait éclater l'ennui[1] qui me dévore,
Et je ne voudrais pas qu'il sût ce qu'il ignore.
Mais je ne suis pas homme à gober le morceau,
Et laisser un champ libre aux vœux du damoiseau :
J'en veux rompre le cours et, sans tarder, apprendre
380 Jusqu'où l'intelligence entre eux a pu s'étendre.
J'y prends pour mon honneur un notable intérêt :
Je la regarde en femme, aux termes qu'elle en est ;
Elle n'a pu faillir sans me couvrir de honte,
Et tout ce qu'elle a fait enfin est sur mon compte.

1. *Ennui :* « Sign. aussi généralement Fâcherie, chagrin, déplaisir, souci » (A).

Éloignement fatal ! voyage malheureux [1] !   385

> *Frappant à la porte.*

SCÈNE II

ALAIN, GEORGETTE, ARNOLPHE

ALAIN

Ah ! Monsieur, cette fois...

ARNOLPHE

         Paix. Venez çà tous deux.
Passez là, passez là. Venez là, venez dis-je.

GEORGETTE

Ah ! vous me faites peur, et tout mon sang se fige.

ARNOLPHE

C'est donc ainsi qu'absent vous m'avez obéi ?
Et tous deux de concert vous m'avez donc trahi ?   390

GEORGETTE

Eh ! ne me mangez pas, Monsieur, je vous conjure.

ALAIN, *à part.*

Quelque chien enragé l'a mordu, je m'assure.

---

1. On retrouvera un écho tragique de ce vers dans la *Phèdre* de
Racine : « Voyage infortuné ! rivage malheureux ! » v. 267.

ARNOLPHE

Ouf ! Je ne puis parler, tant je suis prévenu [1] :
Je suffoque, et voudrais me pouvoir mettre nu.
395 Vous avez donc souffert, ô canaille maudite,
Qu'un homme soit venu ?... Tu veux prendre la fuite !
Il faut que sur-le-champ... Si tu bouges... ! Je veux
Que vous me disiez... Euh ! Oui, je veux que tous deux...
Quiconque remûra, par la mort ! je l'assomme.
400 Comme est-ce que chez moi s'est introduit cet homme ?
Eh ! parlez, dépêchez, vite, promptement, tôt,
Sans rêver. Veut-on dire ?

ALAIN et GEORGETTE

Ah ! Ah !

GEORGETTE

Le cœur me faut [2].

ALAIN

Je meurs.

ARNOLPHE

Je suis en eau : prenons un peu d'haleine ;
Il faut que je m'évente, et que je me promène.
405 Aurais-je deviné quand je l'ai vu petit
Qu'il croîtrait pour cela ? Ciel ! que mon cœur pâtit !
Je pense qu'il vaut mieux que de sa propre bouche

1. *Prévenu* : de prévenir, qui « sign. aussi Préoccuper l'esprit
de quelqu'un » (A).
2. *Me faut* : me fait défaut, me manque.

Je tire avec douceur l'affaire qui me touche.
Tâchons de modérer notre ressentiment.
Patience, mon cœur, doucement, doucement. 410
Levez-vous, et rentrant, faites qu'Agnès descende.
Arrêtez. Sa surprise en deviendrait moins grande :
Du chagrin qui me trouble ils iraient l'avertir,
Et moi-même je veux l'aller faire sortir.
Que l'on m'attende ici. 415

SCÈNE III

ALAIN, GEORGETTE

GEORGETTE

Mon Dieu ! qu'il est terrible !
Ses regards m'ont fait peur, mais une peur horrible !
Et jamais je ne vis un plus hideux chrétien.

ALAIN

Ce Monsieur l'a fâché : je te le disais bien.

GEORGETTE

Mais que diantre est-ce là, qu'avec tant de rudesse
Il nous fait au logis garder notre maîtresse ? 420
D'où vient qu'à tout le monde il veut tant la cacher,
Et qu'il ne saurait voir personne en approcher ?

ALAIN

C'est que cette action le met en jalousie.

GEORGETTE

Mais d'où vient qu'il est pris de cette fantaisie ?

ALAIN

425   Cela vient... cela vient de ce qu'il est jaloux.

GEORGETTE

Oui ; mais pourquoi l'est-il ? et pourquoi ce courroux ?

ALAIN

C'est que la jalousie... entends-tu bien, Georgette,
Est une chose... là... qui fait qu'on s'inquiète...
Et qui chasse les gens d'autour d'une maison.
430   Je m'en vais te bailler une comparaison,
Afin de concevoir la chose davantage.
Dis-moi, n'est-il pas vrai, quand tu tiens ton potage,
Que si quelque affamé venait pour en manger,
Tu serais en colère, et voudrais le charger[1] ?

GEORGETTE

435   Oui, je comprends cela.

ALAIN

               C'est justement tout comme :
La femme est en effet le potage[2] de l'homme ;
Et quand un homme voit d'autres hommes parfois

1. *Le charger* : l'attaquer. « Se dit aussi des querelles particulières » (F).
2. Au chapitre XII du *Tiers Livre*, Panurge parle de sa femme comme de sa « soupe », dans laquelle personne ne viendra « saucer son pain ».

Qui veulent dans sa soupe aller tremper leurs doigts,
Il en montre aussitôt une colère extrême.

GEORGETTE

Oui ; mais pourquoi chacun n'en fait-il pas de même,   440
Et que nous en voyons qui paraissent joyeux
Lorsque leurs femmes sont avec les biaux Monsieux.

ALAIN

C'est que chacun n'a pas cette amitié goulue
Qui n'en veut que pour soi.

GEORGETTE

                    Si je n'ai la berlue,
Je le vois qui revient.   445

ALAIN

                    Tes yeux sont bons, c'est lui.

GEORGETTE

Vois comme il est chagrin.

ALAIN

                    C'est qu'il a de l'ennui.

SCÈNE IV

ARNOLPHE, AGNÈS, ALAIN, GEORGETTE

ARNOLPHE

Un certain Grec disait à l'empereur Auguste[1],
Comme une instruction utile autant que juste,
Que lorsqu'une aventure en colère nous met,
450 Nous devons, avant tout, dire notre alphabet,
Afin que dans ce temps la bile se tempère,
Et qu'on ne fasse rien que l'on ne doive faire.
J'ai suivi sa leçon sur le sujet d'Agnès,
Et je la fais venir en ce lieu tout exprès,
455 Sous prétexte d'y faire un tour de promenade,
Afin que les soupçons de mon esprit malade
Puissent sur le discours la mettre adroitement,
Et lui sondant le cœur s'éclaircir doucement.
Venez, Agnès. Rentrez[2].

1. Anecdote empruntée à Plutarque, et concernant le philosophe
Athenodorus ; un personnage des *Injustes dédains* de Bernardino
Pino la rapporte, à l'acte II, scène 6.
2. Ce dernier ordre concerne naturellement Alain et Georgette.

SCÈNE V

ARNOLPHE, AGNÈS

ARNOLPHE

La promenade est belle.

AGNÈS

Fort belle.   460

ARNOLPHE

Le beau jour !

AGNÈS

Fort beau.

ARNOLPHE

Quelle nouvelle ?

AGNÈS

Le petit chat est mort.

ARNOLPHE

C'est dommage ; mais quoi ?
Nous sommes tous mortels, et chacun est pour soi.
Lorsque j'étais aux champs, n'a-t-il point fait de pluie ?

AGNÈS

Non.

ARNOLPHE

Vous ennuyait-il ?

AGNÈS

Jamais je ne m'ennuie.

ARNOLPHE

465 Qu'avez-vous fait encor ces neuf ou dix jours-ci ?

AGNÈS

Six chemises, je pense, et six coiffes aussi.

ARNOLPHE, *ayant un peu rêvé.*

Le monde, chère Agnès, est une étrange chose.
Voyez la médisance, et comme chacun cause :
Quelques voisins m'ont dit qu'un jeune homme inconnu
470 Était en mon absence à la maison venu,
Que vous aviez souffert sa vue et ses harangues ;
Mais je n'ai point pris foi sur ces méchantes langues,
Et j'ai voulu gager que c'était faussement...

AGNÈS

Mon Dieu, ne gagez pas : vous perdriez vraiment.

ARNOLPHE

475 Quoi ? c'est la vérité qu'un homme... ?

AGNÈS

Chose sûre.
Il n'a presque bougé de chez nous, je vous jure.

ARNOLPHE, *à part.*

Cet aveu qu'elle fait avec sincérité
Me marque pour le moins son ingénuité.
Mais il me semble, Agnès, si ma mémoire est bonne,
Que j'avais défendu que vous vissiez personne.   480

AGNÈS

Oui ; mais quand je l'ai vu, vous ignorez pourquoi ;
Et vous en auriez fait, sans doute, autant que moi.

ARNOLPHE

Peut-être. Mais enfin contez-moi cette histoire.

AGNÈS

Elle est fort étonnante, et difficile à croire.
J'étais sur le balcon à travailler au frais,   485
Lorsque je vis passer sous les arbres d'auprès
Un jeune homme bien fait, qui, rencontrant ma vue,
D'une humble révérence aussitôt me salue :
Moi pour ne point manquer à la civilité,
Je fis la révérence aussi de mon côté.   490
Soudain il me refait une autre révérence :
Moi, j'en refais de même une autre en diligence ;
Et lui d'une troisième aussitôt repartant,
D'une troisième aussi j'y repars à l'instant.
Il passe, vient, repasse, et toujours de plus belle   495
Me fait à chaque fois révérence nouvelle ;
Et moi, qui tous ces tours fixement regardais,
Nouvelle révérence aussi je lui rendais :
Tant que, si sur ce point la nuit ne fût venue,
Toujours comme cela je me serais tenue,   500

Ne voulant point céder, et recevoir l'ennui
Qu'il me pût estimer moins civile que lui.

ARNOLPHE

Fort bien.

AGNÈS

Le lendemain, étant sur notre porte,
Une vieille m'aborde, en parlant de la sorte :
505 « Mon enfant, le bon Dieu puisse-t-il vous bénir,
Et dans tous vos attraits longtemps vous maintenir !
Il ne vous a pas faite une belle personne
Afin de mal user des choses qu'il vous donne ;
Et vous devez savoir que vous avez blessé
510 Un cœur qui de s'en plaindre est aujourd'hui forcé. »

ARNOLPHE, *à part*.

Ah ! suppôt de Satan ! exécrable damnée !

AGNÈS

« Moi, j'ai blessé quelqu'un ! fis-je toute étonnée.
— Oui, dit-elle, blessé, mais blessé tout de bon ;
Et c'est l'homme qu'hier vous vîtes du balcon.
515 — Hélas, qui[1] pourrait, dis-je, en avoir été cause ?
Sur lui, sans y penser, fis-je choir quelque chose ?
— Non, dit-elle, vos yeux ont fait ce coup fatal,
Et c'est de leurs regards qu'est venu tout son mal.
— Hé ! mon Dieu ! ma surprise est, fis-je, sans seconde :
520 Mes yeux ont-ils du mal, pour en donner au monde ?
— Oui, fit-elle, vos yeux, pour causer le trépas,

1. *Qui* : qu'est-ce qui, quoi ?

Ma fille, ont un <u>venin</u> que vous ne savez pas.
En un mot, il languit, le pauvre misérable ;
Et s'il faut, <u>poursuivit</u> la vieille charitable,
Que votre cruauté lui refuse un <u>secours</u>,   525
C'est un homme à porter en terre dans deux jours.
— Mon Dieu ! j'en aurais, dis-je, une douleur bien grande.
Mais pour le <u>secourir</u> qu'est-ce qu'il me demande ?
— Mon enfant, me dit-elle, il ne veut obtenir
Que le bien de vous voir et vous <u>entretenir</u> :   530
Vos yeux peuvent eux seuls <u>empêcher</u> sa ruine
Et du mal qu'ils ont fait être la médecine.
— Hélas ! volontiers, dis-je ; et puisqu'il est ainsi,
Il peut, tant qu'il voudra, me venir voir ici. »

ARNOLPHE, *à part.*

Ah ! sorcière maudite, empoisonneuse d'âmes,   535
Puisse l'enfer payer tes charitables <u>trames</u>[1] !

AGNÈS

Voilà comme il me vit, et reçut <u>guérison</u>.
Vous-même, à votre avis, n'ai-je pas eu raison ?
Et pouvais-je, après tout, avoir la conscience
De le laisser mourir faute d'une assistance,   540
Moi qui <u>compatis</u> tant aux gens qu'on fait souffrir
Et ne puis, sans pleurer, voir un poulet mourir ?

ARNOLPHE, *bas.*

Tout cela n'est parti que d'une âme innocente ;
Et j'en dois accuser mon absence imprudente,

---

1. On apprendra au vers 973 que « depuis quatre jours la pauvre femme est morte ». Le Ciel a entendu Arnolphe !

545 Qui sans guide a laissé cette bonté de mœurs
Exposée aux aguets des rusés séducteurs.
Je crains que le pendard, dans ses vœux téméraires,
Un peu plus fort que jeu n'ait poussé les affaires.

AGNÈS

Qu'avez-vous ? Vous grondez, ce me semble, un petit ?
550 Est-ce que c'est mal fait ce que je vous ai dit ?

ARNOLPHE

Non. Mais de cette vue apprenez-moi les suites,
Et comme le jeune homme a passé ses visites.

AGNÈS

Hélas ! si vous saviez comme il était ravi,
Comme il perdit son mal sitôt que je le vis,
555 Le présent qu'il m'a fait d'une belle cassette,
Et l'argent qu'en ont eu notre Alain et Georgette,
Vous l'aimeriez sans doute et diriez comme nous...

ARNOLPHE

Oui. Mais que faisait-il étant seul avec vous ?

AGNÈS

Il jurait qu'il m'aimait d'une amour sans seconde,
560 Et me disait des mots les plus gentils du monde,
Des choses que jamais rien ne peut égaler,
Et dont, toutes les fois que je l'entends parler,
La douceur me chatouille et là-dedans remue
Certain je ne sais quoi dont je suis toute émue.

ARNOLPHE, *à part.*

Ô fâcheux examen d'un mystère fatal, 565
Où l'examinateur souffre seul tout le mal !

À Agnès.

Outre tous ces discours, toutes ces gentillesses,
Ne vous faisait-il point aussi quelques caresses ?

AGNÈS

Oh tant ! Il me prenait et les mains et les bras,
Et de me les baiser il n'était jamais las. 570

ARNOLPHE

Ne vous a-t-il point pris, Agnès, quelque autre chose ?

La voyant interdite.

Ouf !

AGNÈS

Hé ! il m'a...

ARNOLPHE

Quoi ?

AGNÈS

Pris...

ARNOLPHE

Euh !

AGNÈS

Le [1]...

ARNOLPHE

Plaît-il ?

AGNÈS

Je n'ose,
Et vous vous fâcherez peut-être contre moi.

ARNOLPHE

Non.

AGNÈS

Si fait.

ARNOLPHE

Mon Dieu, non !

AGNÈS

Jurez donc votre foi.

ARNOLPHE

575   Ma foi, soit.

1. Ce « le » a valu à Molière bien des critiques, non seulement de la part de ses adversaires de la querelle, qui ont aussitôt glosé sur le sous-entendu grivois, mais de la part aussi de commentateurs plus sereins de son œuvre, qui y ont vu une équivoque d'un goût douteux. Bossuet, Racine, La Fontaine même y feront allusion. Même si Molière s'en défend dans *La Critique*, on peut penser, avec Climène, que « ce le, où elle s'arrête, n'est pas mis pour des prunes » (sc. 3).

AGNÈS

Il m'a pris... Vous serez en colère.

ARNOLPHE

Non.

AGNÈS

Si.

ARNOLPHE

Non, non, non, non. Diantre, que de mystère !
Qu'est-ce qu'il vous a pris ?

AGNÈS

Il...

ARNOLPHE, *à part.*

Je souffre en damné.

AGNÈS

Il m'a pris le ruban que vous m'aviez donné.
À vous dire le vrai, je n'ai pu m'en défendre.

ARNOLPHE, *reprenant haleine.*

Passe pour le ruban. Mais je voulais apprendre   580
S'il ne vous a rien fait que vous baiser les bras.

AGNÈS

Comment ? est-ce qu'on fait d'autres choses ?

ARNOLPHE

Non pas.

Mais pour guérir du mal qu'il dit qui le possède,
N'a-t-il point exigé de vous d'autre remède ?

AGNÈS

585 Non. Vous pouvez juger, s'il en eût demandé,
Que pour le secourir j'aurais tout accordé.

ARNOLPHE

Grâce aux bontés du Ciel, j'en suis quitte à bon compte ;
Si j'y retombe plus, je veux bien qu'on m'affronte[1].
Chut. De votre innocence, Agnès, c'est un effet.
590 Je ne vous en dis mot : ce qui s'est fait est fait.
Je sais qu'en vous flattant le galant ne désire
Que de vous abuser, et puis après s'en rire.

AGNÈS

Oh ! point : il me l'a dit plus de vingt fois à moi.

ARNOLPHE

Ah ! vous ne savez pas ce que c'est que sa foi.
595 Mais enfin apprenez qu'accepter des cassettes,
Et de ces beaux blondins écouter les sornettes,
Que se laisser par eux, à force de langueur,
Baiser ainsi les mains et chatouiller le cœur,
Est un péché mortel des plus gros qu'il se fasse.

---

1. *Affronte* : « Sign. aussi Tromper sous prétexte de bonne foi »
(A). On trouve déjà le verbe, rapproché d'« affronts », dans *Sga-narelle*, v. 412-413.

AGNÈS

Un péché, dites-vous ? Et la raison, de grâce ?   600

ARNOLPHE

La raison ? La raison est l'arrêt prononcé
Que par ces actions le Ciel est courroucé.

AGNÈS

Courroucé ! Mais pourquoi faut-il qu'il s'en courrouce ?
C'est une chose, hélas ! si plaisante et si douce !
J'admire quelle joie on goûte à tout cela,   605
Et je ne savais point encore ces choses-là.

ARNOLPHE

Oui, c'est un grand plaisir que toutes ces tendresses,
Ces propos si gentils et ces douces caresses ;
Mais il faut le goûter en toute honnêteté,
Et qu'en se mariant le crime en soit ôté[1].   610

AGNÈS

N'est-ce plus un péché lorsque l'on se marie ?

ARNOLPHE

Non.

---

1. On lit, dans l'*Introduction à la vie dévote* de saint François de Sales : « L'amour et la fidélité jointes ensemble engendrent toujours la privauté et confiance ; c'est pourquoi les Saints et Saintes ont usé de beaucoup de réciproques caresses en leur mariage, caresses vraiment amoureuses mais chastes, tendres mais sincères » (III⁰ partie, chap. xxxviii, in *Œuvres*, Pléiade, 1969, p. 237).

AGNÈS

Mariez-moi donc promptement, je vous prie.

ARNOLPHE

Si vous le souhaitez, je le souhaite aussi,
Et pour vous marier on me revoit ici.

AGNÈS

615   Est-il possible ?

ARNOLPHE

Oui.

AGNÈS

Que vous me ferez aise !

ARNOLPHE

Oui, je ne doute point que l'hymen ne vous plaise.

AGNÈS

Vous nous voulez, nous deux...

ARNOLPHE

Rien de plus assuré.

AGNÈS

Que, si cela se fait, je vous caresserai !

ARNOLPHE

Hé ! la chose sera de ma part réciproque.

AGNÈS

Je ne reconnais point, pour moi, quand on se moque.   620
Parlez-vous tout de bon ?

ARNOLPHE

Oui, vous le pourrez voir.

AGNÈS

Nous serons mariés ?

ARNOLPHE

Oui.

AGNÈS

Mais quand ?

ARNOLPHE

Dès ce soir.

AGNÈS, *riant.*

Dès ce soir ?

ARNOLPHE

Dès ce soir. Cela vous fait donc rire ?

AGNÈS

Oui.

ARNOLPHE

Vous voir bien contente est ce que je désire.

AGNÈS

625 Hélas ! que je vous ai grande obligation,
     Et qu'avec lui j'aurai de satisfaction !

ARNOLPHE

Avec qui ?

AGNÈS

Avec..., là.

ARNOLPHE

                    Là... : là n'est pas mon compte.
     À choisir un mari vous êtes un peu prompte.
     C'est un autre, en un mot, que je vous tiens tout prêt,
630 Et quant au monsieur, là, je prétends, s'il vous plaît,
     Dût le mettre au tombeau le mal dont il vous berce,
     Qu'avec lui désormais vous rompiez tout commerce ;
     Que, venant au logis, pour votre compliment
     Vous lui fermiez au nez la porte honnêtement,
635 Et lui jetant, s'il heurte, un grès[1] par la fenêtre,
     L'obligiez tout de bon à ne plus y paraître.
     M'entendez-vous, Agnès ? Moi, caché dans un coin,
     De votre procédé je serai le témoin.

AGNÈS

Las ! il est si bien fait ! C'est...

---

1. *Un grès :* une pierre. Donneau de Visé ironisera, dans *Zélinde,* sur la taille et le poids du grès en question : « un grès est
un pavé, qu'une femme peut à peine soulever » (sc. 3).

ARNOLPHE

Ah ! que de langage !

AGNÈS

Je n'aurai pas le cœur...   640

ARNOLPHE

Point de bruit davantage.
Montez là-haut.

AGNÈS

Mais quoi ? voulez-vous... ?

ARNOLPHE

C'est assez.
Je suis maître, je parle : allez, obéissez [1].

---

1. Vers emprunté à *Sertorius* (V, 6, v. 1868), que Corneille
avait fait représenter pour la première fois en février 1662.

ACTE III

SCÈNE PREMIÈRE

ARNOLPHE, AGNÈS, ALAIN, GEORGETTE

ARNOLPHE

Oui, tout a bien été, ma joie est sans pareille :
Vous avez là suivi mes ordres à merveille,
645 Confondu de tout point le blondin séducteur,
Et voilà de quoi sert un sage directeur[1].
Votre innocence, Agnès, avait été surprise.
Voyez sans y penser où vous vous étiez mise :
Vous enfiliez tout droit, sans mon instruction,
650 Le grand chemin d'enfer et de perdition.
De tous ces damoiseaux on sait trop les coutumes :
Ils ont de beaux canons, force rubans et plumes,
Grands cheveux, belles dents, et des propos fort doux[2] ;

---

1. Arnolphe se veut le directeur de conscience de sa pupille,
d'où les leçons de morale religieuse auxquelles il la soumet.
2. Voir, sur ces jeunes blondins à la mode, les considérations
de Sganarelle dans *L'École des maris*, I, 2.

Mais, comme je vous dis, la griffe est là-dessous ;
Et ce sont vrais Satans, dont la gueule altérée   655
De l'honneur féminin cherche à faire curée.
Mais, encore une fois, grâce au soin apporté,
Vous en êtes sortie avec honnêteté.
L'air dont je vous ai vu lui jeter cette pierre,
Qui de tous ses desseins a mis l'espoir par terre,   660
Me confirme encor mieux à ne point différer
Les noces où je dis qu'il vous faut préparer.
Mais, avant toute chose, il est bon de vous faire
Quelque petit discours qui vous soit salutaire.
Un siège au frais ici. Vous, si jamais en rien...   665

GEORGETTE

De toutes vos leçons nous nous souviendrons bien.
Cet autre monsieur-là nous en faisait accroire ;
Mais...

ALAIN

          S'il entre jamais, je veux jamais ne boire.
Aussi bien est-ce un sot : il nous a l'autre fois
Donné deux écus d'or qui n'étaient pas de poids.   670

ARNOLPHE

Ayez donc pour souper tout ce que je désire ;
Et pour notre contrat, comme je viens de dire.
Faites venir ici, l'un ou l'autre, au retour,
Le notaire qui loge au coin de ce carfour.

SCÈNE II

ARNOLPHE, AGNÈS

ARNOLPHE, *assis*.

675 Agnès, pour m'écouter, laissez là votre ouvrage.
     Levez un peu la tête et tournez le visage :
     Là, regardez-moi là durant cet entretien [1],
     Et jusqu'au moindre mot imprimez-le-vous bien.
     Je vous épouse, Agnès ; et cent fois la journée
680 Vous devez bénir l'heur de votre destinée,
     Contempler la bassesse où vous avez été,
     Et dans le même temps admirer ma bonté,
     Qui de ce vil état de pauvre villageoise
     Vous fait monter au rang d'honorable bourgeoise
685 Et jouir de la couche et des embrassements
     D'un homme qui fuyait tous ces engagements,
     Et dont à vingt partis, fort capables de plaire,
     Le cœur a refusé l'honneur qu'il vous veut faire.
     Vous devez toujours, dis-je, avoir devant les yeux
690 Le peu que vous étiez sans ce nœud glorieux,
     Afin que cet objet d'autant mieux vous instruise
     À mériter l'état où je vous aurai mise,
     À toujours vous connaître, et faire qu'à jamais
     Je puisse me louer de l'acte que je fais.
695 Le mariage, Agnès, n'est pas un badinage :

---

1. L'édition de 1734 indique le jeu de scène : « mettant son
doigt sur son front ».

À d'austères devoirs le rang de femme engage,
Et vous n'y montez pas, à ce que je prétends,
Pour être libertine[1] et prendre du bon temps.
Votre sexe n'est là que pour la dépendance :
Du côté de la barbe est la toute-puissance.　　700
Bien qu'on soit deux moitiés de la société,
Ces deux moitiés pourtant n'ont point d'égalité :
L'une est moitié suprême et l'autre subalterne ;
L'une en tout est soumise à l'autre qui gouverne ;
Et ce que le soldat, dans son devoir instruit,　　705
Montre d'obéissance au chef qui le conduit,
Le valet à son maître, un enfant à son père,
À son supérieur le moindre petit Frère[2],
N'approche point encor de la docilité,
Et de l'obéissance, et de l'humilité,　　710
Et du profond respect où la femme doit être
Pour son mari, son chef, son seigneur et son maître[3].
Lorsqu'il jette sur elle un regard sérieux,
Son devoir aussitôt est de baisser les yeux,
Et de n'oser jamais le regarder en face　　715
Que quand d'un doux regard il lui veut faire grâce.

1. *Libertine :* « Qui prend trop de liberté et ne se rend pas assidu à son devoir » (A). Le mot indique plus une idée d'indépendance que de dérèglement.
2. *Petit Frère :* le novice, ou convers, employé aux services domestiques du couvent.
3. François de Sales recommande : « Vous, ô femmes, aimez tendrement, cordialement, mais d'un amour respectueux et plein de révérence, les maris que Dieu vous a donnés ; car vraiment Dieu pour cela les a créés d'un sexe plus vigoureux et prédominant, et a voulu que la femme fût une dépendance de l'homme » (*op. cit.*, p. 235). Mais il insiste aussi sur la mutuelle estime du couple et sur les devoirs du mari envers sa femme. Arnolphe n'a pas de ces nuances.

C'est ce qu'entendent mal les femmes d'aujourd'hui ;
Mais ne vous gâtez pas sur l'exemple d'autrui.
Gardez-vous d'imiter ces coquettes vilaines
720 Dont par toute la ville on chante les fredaines,
Et de vous laisser prendre aux assauts du malin,
C'est-à-dire d'ouïr aucun jeune blondin.
Songez qu'en vous faisant moitié de ma personne,
C'est mon honneur, Agnès, que je vous abandonne ;
725 Que cet honneur est tendre et se blesse de peu ;
Que sur un tel sujet il ne faut point de jeu ;
Et qu'il est aux enfers des chaudières bouillantes
Où l'on plonge à jamais les femmes mal vivantes.
Ce que je vous dis là ne sont pas des chansons ;
730 Et vous devez du cœur dévorer ces leçons.
Si votre âme les suit, et fuit d'être coquette,
Elle sera toujours, comme un lis, blanche et nette ;
Mais s'il faut qu'à l'honneur elle fasse un faux bond,
Elle deviendra lors noire comme un charbon ;
735 Vous paraîtrez à tous un objet effroyable,
Et vous irez un jour, vrai partage [1] du diable,
Bouillir dans les enfers à toute éternité :
Dont vous veuille garder la céleste bonté !
Faites la révérence. Ainsi qu'une novice
740 Par cœur dans le couvent doit savoir son office [2],
Entrant au mariage il en faut faire autant ;
Et voici dans ma poche un écrit important

> *Il se lève.*

---

1. *Partage :* lot, possession. « Sign. aussi Portion de la chose
partagée » (A).
2. *Office :* le rituel qui précise les devoirs de la religieuse. De
la même façon, Arnolphe, avec ses *Maximes du mariage*, va donner à Agnès les devoirs de la femme mariée (v. 743).

Qui vous enseignera l'office de la femme.
J'en ignore l'auteur, mais c'est quelque bonne âme ;
Et je veux que ce soit votre unique entretien.   745
Tenez. Voyons un peu si vous le lirez bien.

AGNÈS lit.

LES MAXIMES DU MARIAGE
OU LES DEVOIRS DE LA FEMME MARIÉE

AVEC SON EXERCICE JOURNALIER [1]

Ire MAXIME

Celle qu'un lien honnête
Fait entrer au lit d'autrui,
Doit se mettre dans la tête,
Malgré le train d'aujourd'hui,   750
Que l'homme qui la prend, ne la prend que pour lui.

ARNOLPHE

Je vous expliquerai ce que cela veut dire ;
Mais pour l'heure présente il ne faut rien que lire.

AGNÈS poursuit.

IIe MAXIME

Elle ne se doit parer

1. D'après l'édition de 1682, Agnès ne lisait que les maximes I, V, VI, et IX. Il est possible que Molière se soit souvenu d'une traduction par Desmarets de Saint-Sorlin des *Préceptes du mariage envoyés à Olympia*, de saint Grégoire de Nazianze. Mais les traités de direction morale, qui abondent au xviie siècle dans le sillage de l'*Introduction à la vie dévote*, ont pu lui fournir bien d'autres modèles.

755   Qu'autant que peut désirer
             Le mari qui la possède :
C'est lui que touche seul le soin de sa beauté ;
             Et pour rien doit être compté
             Que les autres la trouvent laide.

IIIe MAXIME

760   Loin ces études d'œillades,
             Ces eaux, ces blancs[1], ces pommades,
Et mille ingrédients qui font des teints fleuris :
À l'honneur tous les jours ce sont drogues mortelles ;
             Et les soins de paraître belles
765   Se prennent peu pour les maris.

IVe MAXIME

Sous sa coiffe, en sortant, comme l'honneur l'ordonne
Il faut que de ses yeux elle étouffe les coups,
             Car pour bien plaire à son époux,
             Elle ne doit plaire à personne.

Ve MAXIME

770 Hors ceux dont au mari la visite se rend,
             La bonne règle défend
             De recevoir aucune âme :
             Ceux qui, de galante humeur,
             N'ont affaire qu'à Madame,
775   N'accommodent pas Monsieur.

VIe MAXIME

             Il faut des présents des hommes
             Qu'elle se défende bien ;

-----

1. *Blancs :* « Sign. aussi une sorte de fard dont les femmes se servent » (A).

Car dans le siècle où nous sommes,
On ne donne rien pour rien.

VIIe MAXIME

Dans ses meubles, dût-elle en avoir de l'ennui,   780
Il ne faut écritoire[1], encre, papier, ni plumes :
    Le mari doit, dans les bonnes coutumes,
    Écrire tout ce qui s'écrit chez lui.

VIIIe MAXIME

    Ces sociétés déréglées
    Qu'on nomme belles assemblées   785
Des femmes tous les jours corrompent les esprits :
En bonne politique on les doit interdire ;
        Car c'est là que l'on conspire
        Contre les pauvres maris.

IXe MAXIME

Toute femme qui veut à l'honneur se vouer   790
        Doit se défendre de jouer,
    Comme d'une chose funeste :
        Car le jeu, fort décevant,
        Pousse une femme souvent
        À jouer de tout son reste.   795

Xe MAXIME

        Des promenades du temps,
        Ou repas qu'on donne aux champs,
        Il ne faut pas qu'elle essaye :
        Selon les prudents cerveaux,

---

1. *Écritoire :* étui contenant ce qui est nécessaire pour écrire.

800   Le mari, dans ces cadeaux[1],
            Est toujours celui qui paye.

XIe MAXIME...

ARNOLPHE

Vous achèverez seule ; et, pas à pas, tantôt
Je vous expliquerai ces choses comme il faut,
Je me suis souvenu d'une petite affaire :
805 Je n'ai qu'un mot à dire, et ne tarderai guère.
Rentrez, et conservez ce livre chèrement.
Si le notaire vient, qu'il m'attende un moment.

SCÈNE III

ARNOLPHE

Je ne puis faire mieux que d'en faire ma femme.
Ainsi que je voudrai, je tournerai cette âme ;
810 Comme un morceau de cire entre mes mains elle est,
Et je lui puis donner la forme qui me plaît.
Il s'en est peu fallu que, durant mon absence,
On ne m'ait attrapé par son trop d'innocence ;
Mais il vaut beaucoup mieux, à dire vérité,
815 Que la femme qu'on a pèche de ce côté.
De ces sortes d'erreurs le remède est facile :
Toute personne simple aux leçons est docile ;
Et si du bon chemin on l'a fait écarter,

1. *Cadeaux :* « Repas, fête que l'on donne principalement à des
dames » (A).

Deux mots incontinent l'y peuvent rejeter.
Mais une femme habile est bien une autre bête ;   820
Notre sort ne dépend que de sa seule tête ;
De ce qu'elle s'y met rien ne la fait gauchir,
Et nos enseignements ne font là que blanchir[1] :
Son bel esprit lui sert à railler nos maximes,
À se faire souvent des vertus de ses crimes,   825
Et trouver, pour venir à ses coupables fins,
Des détours à duper l'adresse des plus fins.
Pour se parer du coup en vain on se fatigue :
Une femme d'esprit est un diable en intrigue ;
Et dès que son caprice a prononcé tout bas   830
L'arrêt de notre honneur, il faut passer le pas :
Beaucoup d'honnêtes gens en pourraient bien que dire.
Enfin, mon étourdi n'aura pas lieu d'en rire.
Par son trop de caquet il a ce qu'il lui faut.
Voilà de nos Français l'ordinaire défaut :   835
Dans la possession d'une bonne fortune,
Le secret est toujours ce qui les importune ;
Et la vanité sotte a pour eux tant d'appas,
Qu'ils se pendraient plutôt que de ne causer pas.
Oh ! que les femmes sont du diable bien tentées,   840
Lorsqu'elles vont choisir ces têtes éventées,
Et que... ! Mais le voici... Cachons-nous toujours bien
Et découvrons un peu quel chagrin est le sien.

---

1. *Blanchir* : « Faire des efforts inutiles. » Le verbe se dit au
sens propre « des coups de canon qui ne font qu'effleurer une mu-
raille et y laissent une marque blanche » (F).

SCÈNE IV

HORACE, ARNOLPHE

HORACE

Je reviens de chez vous, et le destin me montre
845 Qu'il n'a pas résolu que je vous y rencontre.
Mais j'irai tant de fois, qu'enfin quelque moment...

ARNOLPHE

Hé ! mon Dieu, n'entrons point dans ce vain compliment :
Rien ne me fâche tant que ces cérémonies ;
Et si l'on m'en croyait, elles seraient bannies.
850 C'est un maudit usage ; et la plupart des gens
Y perdent sottement les deux tiers de leur temps.
Mettons[1] donc sans façons. Hé bien ! vos amourettes ?
Puis-je, seigneur Horace, apprendre où vous en êtes ?
J'étais tantôt distrait par quelque vision ;
855 Mais depuis là-dessus j'ai fait réflexion :
De vos premiers progrès j'admire la vitesse,
Et dans l'événement mon âme s'intéresse.

HORACE

Ma foi, depuis qu'à vous s'est découvert mon cœur,
Il est à mon amour arrivé du malheur.

---

1. *Mettons :*... notre chapeau, couvrons-nous. Cf. *Le Bourgeois gentilhomme* : « Mon Dieu ! mettez : point de cérémonies entre nous » (III, 4).

ARNOLPHE

Oh ! oh ! comment cela ?   860

HORACE

                    La fortune cruelle
A ramené des champs le patron de la belle.

ARNOLPHE

Quel malheur !

HORACE

                    Et de plus, à mon très grand regret,
Il a su de nous deux le commerce secret.

ARNOLPHE

D'où, diantre, a-t-il sitôt appris cette aventure ?

HORACE

Je ne sais ; mais enfin c'est une chose sûre.   865
Je pensais aller rendre, à mon heure à peu près,
Ma petite visite à ses jeunes attraits,
Lorsque, changeant pour moi de ton et de visage,
Et servante et valet m'ont bouché le passage,
Et d'un « Retirez-vous, vous nous importunez »,   870
M'ont assez rudement fermé la porte au nez.

ARNOLPHE

La porte au nez !

HORACE

                    Au nez.

ARNOLPHE

La chose est un peu forte.

HORACE

J'ai voulu leur parler au travers de la porte ;
Mais à tous mes propos ce qu'ils ont répondu
875 C'est : « Vous n'entrerez point, Monsieur l'a défendu. »

ARNOLPHE

Ils n'ont donc point ouvert ?

HORACE

Non. Et de la fenêtre
Agnès m'a confirmé le retour de ce maître,
En me chassant de là d'un ton plein de fierté[1],
Accompagné d'un grès que sa main a jeté.

ARNOLPHE

880 Comment d'un grès ?

HORACE

D'un grès de taille non petite,
Dont on a par ses mains régalé ma visite.

ARNOLPHE

Diantre ! ce ne sont pas des prunes[2] que cela !

1. *Fierté :* humeur farouche, « férocité, cruauté » (A).
2. *Des prunes :* Molière aime cette expression populaire. Sganarelle, dans *Le Cocu imaginaire*, l'utilisait déjà : « Si je suis af-
fligé, ce n'est pas pour des prunes » (v. 366). Climène, dans *La
Critique*, ne dédaigne pas de l'utiliser (sc. 3).

Et je trouve fâcheux l'état où vous voilà.

HORACE

Il est vrai, je suis mal par ce retour funeste.

ARNOLPHE

Certes, j'en suis fâché pour vous, je vous proteste. 885

HORACE

Cet homme me rompt[1] tout.

ARNOLPHE

Oui. Mais cela n'est rien,
Et de vous raccrocher vous trouverez moyen.

HORACE

Il faut bien essayer, par quelque intelligence[2],
De vaincre du jaloux l'exacte vigilance.

ARNOLPHE

Cela vous est facile. Et la fille, après tout, 890
Vous aime.

HORACE

Assurément.

---

1. *Rompt :* déjoue mes projets. « En termes de guerre, sign. Dé-
faire » (F).
2. *Intelligence :* complicité. « Sign. aussi Correspondance,
communication entre des personnes qui s'entendent l'une avec
l'autre » (A).

ARNOLPHE

Vous en viendrez à bout.

HORACE

Je l'espère.

ARNOLPHE

Le grès vous a mis en déroute ;
Mais cela ne doit pas vous étonner.

HORACE

Sans doute,
Et j'ai compris d'abord que mon homme était là,
895   Qui, sans se faire voir, conduisait tout cela.
Mais ce qui m'a surpris, et qui va vous surprendre,
C'est un autre incident que vous allez entendre ;
Un trait hardi qu'a fait cette jeune beauté,
Et qu'on n'attendrait point de sa simplicité.
900   Il le faut avouer, l'amour est un grand maître[1] :
Ce qu'on ne fut jamais il nous enseigne à l'être ;
Et souvent de nos mœurs l'absolu changement
Devient, par ses leçons, l'ouvrage d'un moment ;
De la nature, en nous, il force les obstacles,
905   Et ses effets soudains ont de l'air des miracles ;
D'un avare à l'instant il fait un libéral,
Un vaillant d'un poltron, un civil d'un brutal ;

1. Horace a dû assister à une représentation de *La Suite du
Menteur* de Corneille. On y trouve la même expression :
« L'amour est un grand maître, il instruit tout d'un coup »
(v. 586). L'amour, *maître* qui donne des *leçons* : telle est bien
l'école dont parle le titre.

Il rend agile à tout l'âme la plus pesante,
Et donne de l'esprit à la plus innocente.
Oui, ce dernier miracle éclate dans Agnès ;   910
Car, tranchant avec moi par ces termes exprès :
« Retirez-vous : mon âme aux visites renonce ;
Je sais tous vos discours, et voilà ma réponse »,
Cette pierre ou ce grès dont vous vous étonniez
Avec un mot de lettre est tombée à mes pieds ;   915
Et j'admire de voir cette lettre ajustée
Avec le sens des mots et la pierre jetée.
D'une telle action n'êtes-vous pas surpris ?
L'amour sait-il pas l'art d'aiguiser les esprits ?
Et peut-on me nier que ses flammes puissantes   920
Ne fassent dans un cœur des choses étonnantes ?
Que dites-vous du tour et de ce mot d'écrit ?
Euh ! n'admirez-vous point cette adresse d'esprit ?
Trouvez-vous pas plaisant de voir quel personnage
A joué mon jaloux dans tout ce badinage ?   925
Dites.

ARNOLPHE

Oui, fort plaisant.

HORACE

Riez-en donc un peu.

Arnolphe rit d'un ris forcé.

Cet homme, gendarmé d'abord contre mon feu,
Qui chez lui se retranche, et de grès fait parade [1],

1. *Parade :* terme d'escrime qui désigne une défense, une action de parer un coup.

Comme si j'y voulais entrer par escalade ;
930 Qui, pour me repousser, dans son bizarre effroi,
Anime du dedans tous ses gens contre moi,
Et qu'abuse à ses yeux, par sa machine [1] même,
Celle qu'il veut tenir dans l'ignorance extrême !
Pour moi, je vous l'avoue, encor que son retour
935 En un grand embarras jette ici mon amour,
Je tiens cela plaisant autant qu'on saurait dire,
Je ne puis y songer sans de bon cœur en rire :
Et vous n'en riez pas assez, à mon avis.

ARNOLPHE, *avec un ris forcé.*

Pardonnez-moi, j'en ris tout autant que je puis.

HORACE

940 Mais il faut qu'en ami je vous montre la lettre.
Tout ce que son cœur sent, sa main a su l'y mettre,
Mais en termes touchants et tous pleins de bonté,
De tendresse innocente et d'ingénuité,
De la manière enfin que la pure nature
945 Exprime de l'amour la première blessure.

ARNOLPHE, *bas.*

Voilà, friponne, à quoi l'écriture te sert ;
Et contre mon dessein l'art t'en fut découvert.

HORACE, *lit.*

« Je veux vous écrire, et je suis bien en peine par où je

---

1. *Machine* : « Se dit fig. en choses morales des adresses, des
artifices dont on use pour avancer le succès d'une affaire » (F).
Mais le mot garde aussi, ici, quelque chose de son sens propre :
machine de guerre, moyen de défense.

m'y prendrai. J'ai des pensées que je désirerais que vous
sussiez ; mais je ne sais comment faire pour vous les dire,
et je me défie de mes paroles. Comme je commence à
connaître qu'on m'a toujours tenue dans l'ignorance, j'ai
peur de mettre quelque chose qui ne soit pas bien, et d'en
dire plus que je ne devrais. En vérité, je ne sais ce que vous
m'avez fait ; mais je sens que je suis fâchée à mourir de
ce qu'on me fait faire contre vous, que j'aurai toutes les
peines du monde à me passer de vous, et que je serais bien
aise d'être à vous. Peut-être qu'il y a du mal à dire cela ;
mais enfin je ne puis m'empêcher de le dire, et je voudrais
que cela se pût faire sans qu'il y en eût. On me dit fort que
tous les jeunes hommes sont des trompeurs, qu'il ne les
faut point écouter, et que tout ce que vous me dites n'est
que pour m'abuser ; mais je vous assure que je n'ai pu encore me figurer cela de vous, et je suis si touchée de vos
paroles, que je ne saurais croire qu'elles soient menteuses.
Dites-moi franchement ce qui en est ; car enfin, comme je
suis sans malice, vous auriez le plus grand tort du monde,
si vous me trompiez ; et je pense que j'en mourrais de déplaisir. »

ARNOLPHE

Hon ! chienne !

HORACE

Qu'avez-vous ?

ARNOLPHE

Moi ? rien. C'est que je tousse.

HORACE

Avez-vous jamais vu d'expression plus douce ?
950 Malgré les soins maudits d'un injuste pouvoir,
Un plus beau naturel peut-il se faire voir ?
Et n'est-ce pas sans doute un crime punissable
De gâter méchamment ce fonds d'âme admirable,
D'avoir dans l'ignorance et la stupidité
955 Voulu de cet esprit[1] étouffer la clarté ?
L'amour a commencé d'en déchirer le voile ;
Et si, par la faveur de quelque bonne étoile,
Je puis, comme j'espère, à ce franc animal,
Ce traître, ce bourreau, ce faquin, ce brutal...

ARNOLPHE

960 Adieu.

HORACE

      Comment, si vite ?

ARNOLPHE

                  Il m'est dans la pensée,
Venu tout maintenant une affaire pressée.

HORACE

Mais ne sauriez-vous point, comme on la tient de près,
Qui dans cette maison pourrait avoir accès ?
J'en use sans scrupule ; et ce n'est pas merveille
965 Qu'on se puisse, entre amis, servir à la pareille[2].

  1. Var. 1er tirage : de cet amour.
  2. *À la pareille :* à charge de revanche. « Faites-moi ce plaisir
à la pareille » (A). Dans *Zélinde*, Donneau de Visé ironise sur le
fait qu'un jeune homme puisse proposer un tel échange de services amoureux « à un homme déjà sur l'âge et qui fait le Caton ».

Je n'ai plus là-dedans que gens pour m'observer ;
Et servante et valet, que je viens de trouver,
N'ont jamais, de quelque air que je m'y sois pu prendre,
Adouci leur rudesse à me vouloir entendre.
J'avais pour de tels coups certaine vieille en main,   970
D'un génie, à vrai dire, au-dessus de l'humain :
Elle m'a dans l'abord servi de bonne sorte ;
Mais depuis quatre jours la pauvre femme est morte.
Ne me pourriez-vous point ouvrir quelque moyen ?

ARNOLPHE

Non, vraiment ; et sans moi vous en trouverez bien.   975

HORACE

Adieu donc. Vous voyez ce que je vous confie.

SCÈNE V

ARNOLPHE

Comme il faut devant lui que je me mortifie[1] !
Quelle peine à cacher mon déplaisir cuisant !
Quoi ? pour une innocente un esprit si présent !
Elle a feint d'être telle à mes yeux, la traîtresse,   980
Ou le diable à son âme a soufflé cette adresse.
Enfin me voilà mort par ce funeste écrit.
Je vois qu'il a, le traître, empaumé[2] son esprit,

1. *Je me mortifie :* j'endure cette humiliation.
2. *Empaumé :* s'est rendu maître de. Le terme vient du jeu de paume (prendre la balle en main), mais aussi de la vénerie (traquer).

Qu'à ma suppression [1] il s'est ancré chez elle ;
985 Et c'est mon désespoir et ma peine mortelle.
Je souffre doublement dans le vol de son cœur,
Et l'amour y pâtit aussi bien que l'honneur,
J'enrage de trouver cette place usurpée,
Et j'enrage de voir ma prudence trompée.
990 Je sais que, pour punir son amour libertin,
Je n'ai qu'à laisser faire à son mauvais destin,
Que je serai vengé d'elle par elle-même ;
Mais il est bien fâcheux de perdre ce qu'on aime.
Ciel ! puisque pour un choix j'ai tant philosophé,
995 Faut-il de ses appas m'être si fort coiffé !
Elle n'a ni parents, ni support [2], ni richesse ;
Elle trahit mes soins, mes bontés, ma tendresse :
Et cependant je l'aime, après ce lâche tour,
Jusqu'à ne me pouvoir passer de cet amour.
1000 Sot, n'as-tu point de honte ? Ah ! je crève, j'enrage,
Et je souffletterais mille fois mon visage.
Je veux entrer un peu, mais seulement pour voir
Quelle est sa contenance après un trait si noir.
Ciel, faites que mon front soit exempt de disgrâce ;
1005 Ou bien, s'il est écrit qu'il faille que j'y passe,
Donnez-moi tout au moins, pour de tels accidents,
La constance qu'on voit à de certaines gens !

---

1. *À ma suppression* : pour m'évincer, me supplanter.
2. *Support* : « Se dit fig. en morale de ce qui donne de l'appui, du secours, de la protection » (F).

ACTE IV

SCÈNE PREMIÈRE

ARNOLPHE

J'ai peine, je l'avoue, à demeurer en place,
Et de mille soucis mon esprit s'embarrasse,
Pour pouvoir mettre un ordre et dedans et dehors   1010
Qui du godelureau rompe tous les efforts.
De quel œil la traîtresse a soutenu ma vue !
De tout ce qu'elle a fait elle n'est point émue ;
Et bien qu'elle me mette à deux doigts du trépas,
On dirait, à la voir, qu'elle n'y touche pas.   1015
Plus en la regardant je la voyais tranquille,
Plus je sentais en moi s'échauffer une bile ;
Et ces bouillants transports dont s'enflammait mon cœur
Y semblaient redoubler mon amoureuse ardeur ;
J'étais aigri, fâché, désespéré contre elle :   1020
Et cependant jamais je ne la vis si belle,
Jamais ses yeux aux miens n'ont paru si perçants,
Jamais je n'eus pour eux des désirs si pressants ;

Et je sens là-dedans qu'il faudra que je crève
1025 Si de mon triste sort la disgrâce s'achève.
Quoi ? j'aurai dirigé son éducation
Avec tant de tendresse et de précaution,
Je l'aurai fait passer chez moi dès son enfance,
Et j'en aurai chéri la plus tendre espérance,
1030 Mon cœur aura bâti sur ses attraits naissants
Et cru la mitonner pour moi durant treize ans,
Afin qu'un jeune fou dont elle s'amourache
Me la vienne enlever jusque sur la moustache [1],
Lorsqu'elle est avec moi mariée à demi !
1035 Non, parbleu ! non, parbleu ! Petit sot, mon ami,
Vous aurez beau tourner : ou j'y perdrai mes peines,
Ou je rendrai, ma foi, vos espérances vaines,
Et de moi tout à fait vous ne vous rirez point.

SCÈNE II

LE NOTAIRE, ARNOLPHE

LE NOTAIRE

Ah ! le voilà ! Bonjour. Me voici tout à point
1040 Pour dresser le contrat que vous souhaitez faire.

ARNOLPHE, *sans le voir.*

Comment faire ?

---

1. *Sur la moustache :* à mon nez et à ma barbe.

LE NOTAIRE

Il le faut dans la forme ordinaire.

ARNOLPHE, *sans le voir.*

À mes précautions je veux songer de près.

LE NOTAIRE

Je ne passerai rien contre vos intérêts.

ARNOLPHE, *sans le voir.*

Il se faut garantir de toutes les surprises.

LE NOTAIRE

Suffit qu'entre mes mains vos affaires soient mises.   1045
Il ne vous faudra point, de peur d'être déçu,
Quittancer [1] le contrat que vous n'ayez reçu.

ARNOLPHE, *sans le voir.*

J'ai peur, si je vais faire éclater quelque chose,
Que de cet incident par la ville on ne cause.

LE NOTAIRE

Hé bien ! il est aisé d'empêcher cet éclat,   1050
Et l'on peut en secret faire votre contrat.

ARNOLPHE, *sans le voir.*

Mais comment faudra-t-il qu'avec elle j'en sorte ?

---

1. *Quittancer :* « Décharger une obligation en écrivant sur le
dos au bas ou à la marge que le débiteur a payé tout ou partie de
la somme à laquelle il était obligé » (F). Il s'agit ici de la dot.

LE NOTAIRE

Le douaire[1] se règle au bien qu'on vous apporte.

ARNOLPHE, *sans le voir.*

Je l'aime, et cet amour est mon grand embarras.

LE NOTAIRE

1055 On peut avantager une femme en ce cas.

ARNOLPHE, *sans le voir.*

Quel traitement lui faire en pareille aventure ?

LE NOTAIRE

L'ordre est que le futur doit douer la future
Du tiers du dot[2] qu'elle a ; mais cet ordre n'est rien,
Et l'on va plus avant lorsque l'on le veut bien.

ARNOLPHE, *sans le voir.*

1060 Si...

LE NOTAIRE, *Arnolphe l'apercevant.*

Pour le préciput[3], il les regarde ensemble.
Je dis que le futur peut comme bon lui semble
Douer[4] la future.

---

1. *Douaire* : terme de droit, désignant la partie que le mari
laisse en usufruit à sa femme, si elle devient veuve.
2. *Du dot :* le mot, à la fin du siècle, est féminin. L'emploi du
masculin remonte à l'ancienne langue.
3. *Préciput :* avantage pris par le survivant sur la communauté,
en cas de décès d'un conjoint. Le préciput est fixé par contrat, et
intervient avant le partage de la succession.
4. *Douer :* fixer le préciput, qui peut être douaire préfix ou coutumier, suivant la nature du contrat. Le notaire va expliquer toutes
ces possibilités.

ARNOLPHE, *l'ayant aperçu.*

Euh ?

LE NOTAIRE

Il peut l'avantager
Lorsqu'il l'aime beaucoup et qu'il veut l'obliger,
Et cela par douaire, ou préfix qu'on appelle,
Qui demeure perdu par le trépas d'icelle,   1065
Ou sans retour, qui va de ladite à ses hoirs [1],
Ou coutumier, selon les différents vouloirs,
Ou par donation dans le contrat formelle,
Qu'on fait ou pure et simple, ou qu'on fait mutuelle.
Pourquoi hausser le dos ? Est-ce qu'on parle en fat,   1070
Et que l'on ne sait pas les formes d'un contrat ?
Qui me les apprendra ? Personne, je présume.
Sais-je pas qu'étant joints, on est par la Coutume
Communs en meubles, biens immeubles et conquêts [2],
À moins que par un acte on y renonce exprès ?   1075
Sais-je pas que le tiers du bien de la future
Entre en communauté pour...

ARNOLPHE

Oui, c'est chose sûre,
Vous savez tout cela ; mais qui vous en dit mot ?

LE NOTAIRE

Vous, qui me prétendez faire passer pour sot,
En me haussant l'épaule et faisant la grimace.   1080

---

1. *Hoirs :* héritiers naturels.
2. *Conquêts :* bien acquis en commun pendant le mariage.

ARNOLPHE

La peste soit fait l'homme, et sa chienne de face !
Adieu : c'est le moyen de vous faire finir.

LE NOTAIRE

Pour dresser un contrat m'a-t-on pas fait venir ?

ARNOLPHE

Oui, je vous ai mandé ; mais la chose est remise,
1085 Et l'on vous mandera quand l'heure sera prise,
Voyez quel diable d'homme avec son entretien !

LE NOTAIRE

Je pense qu'il en tient [1], et je crois penser bien.

SCÈNE III

LE NOTAIRE, ALAIN, GEORGETTE, ARNOLPHE

LE NOTAIRE

M'êtes-vous pas venu querir pour votre maître ?

ALAIN

Oui.

1. *Il en tient :* il n'a pas le cerveau bien clair. « On dit qu'un homme en tient quand il a trop bu, quand il a gagné quelque vilaine maladie » (F).

LE NOTAIRE

J'ignore pour qui vous le pouvez connaître,
Mais allez de ma part lui dire de ce pas   1090
Que c'est un fou fieffé.

GEORGETTE

Nous n'y manquerons pas.

SCÈNE IV

ALAIN, GEORGETTE, ARNOLPHE

ALAIN

Monsieur...

ARNOLPHE

Approchez-vous : vous êtes mes fidèles,
Mes bons, mes vrais amis, et j'en sais des nouvelles.

ALAIN

Le notaire...

ARNOLPHE

Laissons, c'est pour quelque autre jour.
On veut à mon honneur jouer d'un mauvais tour ;   1095
Et quel affront pour vous, mes enfants, pourrait-ce être,
Si l'on avait ôté l'honneur à votre maître !
Vous n'oseriez après paraître en nul endroit,
Et chacun, vous voyant, vous montrerait au doigt.

1100 Donc, puisque autant que moi l'affaire vous regarde,
Il faut de votre part faire une telle garde,
Que ce galant ne puisse en aucune façon...

GEORGETTE

Vous nous avez tantôt montré notre leçon.

ARNOLPHE

Mais à ses beaux discours gardez bien de vous rendre.

ALAIN

1105 Oh ! vraiment.

GEORGETTE

Nous savons comme il faut s'en défendre.

ARNOLPHE

S'il venait doucement : « Alain, mon pauvre cœur,
Par un peu de secours soulage ma langueur. »

ALAIN

Vous êtes un sot.

ARNOLPHE

À Georgette.

Bon. « Georgette, ma mignonne,
Tu me parais si douce et si bonne personne. »

GEORGETTE

1110 Vous êtes un nigaud.

ARNOLPHE

À Alain.

Bon. « Quel mal trouves-tu
Dans un dessein honnête et tout plein de vertu ? »

ALAIN

Vous êtes un fripon.

ARNOLPHE

À Georgette.

Fort bien. « Ma mort est sûre,
Si tu ne prends pitié des peines que j'endure. »

GEORGETTE

Vous êtes un benêt, un impudent.

ARNOLPHE

Fort bien.
« Je ne suis pas un homme à vouloir rien pour rien ;   1115
Je sais, quand on me sert, en garder la mémoire ;
Cependant, par avance, Alain, voilà pour boire ;
Et voilà pour t'avoir, Georgette, un cotillon :

> *Ils tendent tous deux la main et prennent
> l'argent.*

Ce n'est de mes bienfaits qu'un simple échantillon.
Toute la courtoisie enfin dont je vous presse,   1120
C'est que je puisse voir votre belle maîtresse. »

GEORGETTE, *le poussant.*

À d'autres.

ARNOLPHE

Bon cela.

ALAIN, *le poussant.*

Hors d'ici.

ARNOLPHE

Bon.

GEORGETTE, *le poussant.*

Mais tôt[1].

ARNOLPHE

Bon. Holà ! c'est assez.

GEORGETTE

Fais-je pas comme il faut ?

ALAIN

Est-ce de la façon que vous voulez l'entendre ?

ARNOLPHE

1125 Oui, fort bien, hors l'argent, qu'il ne fallait pas prendre.

GEORGETTE

Nous ne nous sommes pas souvenus de ce point.

1. *Tôt :* « Promptement, vite » (A).

ALAIN

Voulez-vous qu'à l'instant nous recommencions ?

ARNOLPHE

Point :
Suffit. Rentrez tous deux.

ALAIN

Vous n'avez rien qu'à dire.

ARNOLPHE

Non, vous dis-je ; rentrez, puisque je le désire.
Je vous laisse l'argent. Allez : je vous rejoins.   1130
Ayez bien l'œil à tout, et secondez mes soins.

SCÈNE V

ARNOLPHE

Je veux, pour espion qui soit d'exacte vue,
Prendre le savetier[1] du coin de notre rue.
Dans la maison toujours je prétends la tenir,
Y faire bonne garde, et surtout en bannir   1135
Vendeuses de ruban, perruquières, coiffeuses,
Faiseuses de mouchoirs, gantières, revendeuses,

1. Les savetiers passaient pour experts en commérages, et même pour indicateurs de police. Dans leur cérémonie initiatique, telle que la décrit un livret populaire, ils jurent « d'informer curieusement de tout ce qui se passe chez les voisins ».

Tous ces gens qui sous main travaillent chaque jour
À faire réussir les mystères d'amour.
1140 Enfin j'ai vu le monde et j'en sais les finesses.
Il faudra que mon homme ait de grandes adresses
Si message ou poulet[1] de sa part peut entrer.

SCÈNE VI

HORACE, ARNOLPHE

HORACE

La place m'est heureuse à vous y rencontrer
Je viens de l'échapper bien belle, je vous jure.
1145 Au sortir d'avec vous, sans prévoir l'aventure,
Seule dans son balcon j'ai vu paraître Agnès,
Qui des arbres prochains prenait un peu le frais.
Après m'avoir fait signe, elle a su faire en sorte,
Descendant au jardin, de m'en ouvrir la porte ;
1150 Mais à peine tous deux dans sa chambre étions-nous,
Qu'elle a sur les degrés entendu son jaloux ;
Et tout ce qu'elle a pu dans un tel accessoire[2],
C'est de me renfermer dans une grande armoire.
Il est entré d'abord[3] : je ne le voyais pas,
1155 Mais je l'oyais marcher, sans rien dire, à grands pas,

1. *Poulet :* « Un petit billet amoureux qu'on envoie aux dames
galantes » (F) : pliés, ces messages d'amour formaient deux poin-
tes, comme deux ailes de poulet.
2. *Accessoire :* « Il se prend quelquefois pour le mauvais état
où l'on se trouve [...] En ce sens, il est vieux » (A).
3. *D'abord :* « Incontinent, aussitôt » (R).

Poussant de temps en temps des soupirs pitoyables,
Et donnant quelquefois de grands coups sur les tables,
Frappant un petit chien qui pour lui s'émouvait[1],
Et jetant brusquement les hardes qu'il trouvait ;
Il a même cassé, d'une main mutinée,   1160
Des vases dont la belle ornait sa cheminée ;
Et sans doute il faut bien qu'à ce becque cornu[2]
Du trait qu'elle a joué quelque jour soit venu.
Enfin, après cent tours, ayant de la manière
Sur ce qui n'en peut mais déchargé sa colère,   1165
Mon jaloux inquiet, sans dire son ennui,
Est sorti de la chambre, et moi de mon étui.
Nous n'avons point voulu, de peur du personnage,
Risquer à nous tenir ensemble davantage :
C'était trop hasarder ; mais je dois, cette nuit,   1170
Dans sa chambre un peu tard m'introduire sans bruit.
En toussant par trois fois je me ferai connaître ;
Et je dois au signal voir ouvrir la fenêtre,
Dont, avec une échelle, et secondé d'Agnès,
Mon amour tâchera de me gagner l'accès.   1175
Comme à mon seul ami, je veux bien vous l'apprendre :
L'allégresse du cœur s'augmente à la répandre ;
Et goûtât-on cent fois un bonheur tout parfait[3],
On n'en est pas content, si quelqu'un ne le sait.
Vous prendrez part, je pense, à l'heur de mes affaires.   1180
Adieu. Je vais songer aux choses nécessaires.

---

1. *S'émouvait :* s'agitait.
2. *Becque cornu :* « C'est-à-dire sot » (R). L'expression tient
de son origine italienne *(becco cornuto)* l'idée de « mari trompé ».
3. Var. 1er tirage : trop parfait.

SCÈNE VII

ARNOLPHE

Quoi ? l'astre qui s'obstine à me désespérer
Ne me donnera pas le temps de respirer ?
Coup sur coup je verrai, par leur intelligence,
1185 De mes soins vigilants confondre la prudence ?
Et je serai la dupe, en ma maturité,
D'une jeune innocente et d'un jeune éventé ?
En sage philosophe on m'a vu, vingt années,
Contempler des maris les tristes destinées,
1190 Et m'instruire avec soin de tous les accidents
Qui font dans le malheur tomber les plus prudents ;
Des disgrâces d'autrui profitant dans mon âme,
J'ai cherché les moyens, voulant prendre une femme,
De pouvoir garantir mon front de tous affronts,
1195 Et le tirer de pair[1] d'avec les autres fronts.
Pour ce noble dessein, j'ai cru mettre en pratique
Tout ce que peut trouver l'humaine politique ;
Et comme si du sort il était arrêté
Que nul homme ici-bas n'en serait exempté,
1200 Après l'expérience et toutes les lumières
Que j'ai pu m'acquérir sur de telles matières,
Après vingt ans et plus de méditation
Pour me conduire en tout avec précaution,

---

1. *Le tirer de pair :* le distinguer, ne pas lui laisser subir le
même sort que les autres.

De tant d'autres maris j'aurais quitté la trace
Pour me trouver après dans la même disgrâce ?   1205
Ah ! bourreau de destin, vous en aurez menti.
De l'objet qu'on poursuit je suis encor nanti ;
Si son cœur m'est volé par ce blondin funeste,
J'empêcherai du moins qu'on s'empare du reste,
Et cette nuit, qu'on prend pour le galant exploit,   1210
Ne se passera pas si doucement qu'on croit.
Ce m'est quelque plaisir, parmi tant de tristesse,
Que l'on me donne avis du piège qu'on me dresse,
Et que cet étourdi, qui veut m'être fatal,
Fasse son confident de son propre rival.   1215

SCÈNE VIII

CHRYSALDE, ARNOLPHE

CHRYSALDE

Hé bien ! souperons-nous avant la promenade ?

ARNOLPHE

Non, je jeûne ce soir.

CHRYSALDE

D'où vient cette boutade [1] ?

---

1. *Boutade :* « Caprice, transport d'esprit qui se fait sans raison et avec impétuosité » (F).

ARNOLPHE

De grâce, excusez-moi : j'ai quelque autre embarras.

CHRYSALDE

Votre hymen résolu ne se fera-t-il pas ?

ARNOLPHE

1220 C'est trop s'inquiéter des affaires des autres.

CHRYSALDE

Oh ! oh ! si brusquement ! Quels chagrins sont les vôtres ?
Serait-il point, compère, à votre passion
Arrivé quelque peu de tribulation ?
Je le jurerais presque à voir votre visage.

ARNOLPHE

1225 Quoi qu'il m'arrive, au moins aurai-je l'avantage
De ne pas ressembler à de certaines gens
Qui souffrent doucement l'approche des galants.

CHRYSALDE

C'est un étrange fait, qu'avec tant de lumières,
Vous vous effarouchiez toujours sur ces matières,
1230 Qu'en cela vous mettiez le souverain bonheur,
Et ne conceviez point au monde d'autre honneur.
Être avare, brutal, fourbe, méchant et lâche,
N'est rien, à votre avis, auprès de cette tâche ;
Et, de quelque façon qu'on puisse avoir vécu,
1235 On est homme d'honneur quand on n'est point cocu.
À le bien prendre au fond, pourquoi voulez-vous croire
Que de ce cas fortuit dépende notre gloire,

Et qu'une âme bien née ait à se reprocher
L'injustice d'un mal qu'on ne peut empêcher ?
Pourquoi voulez-vous, dis-je, en prenant une femme,   1240
Qu'on soit digne, à son choix, de louange ou de blâme,
Et qu'on s'aille former un monstre plein d'effroi
De l'affront que nous fait son manquement de foi ?
Mettez-vous dans l'esprit qu'on peut du cocuage
Se faire en galant homme une plus douce image,   1245
Que des coups du hasard aucun n'étant garant,
Cet accident de soi doit être indifférent,
Et qu'enfin tout le mal, quoi que le monde glose,
N'est que dans la façon de recevoir la chose ;
Car, pour se bien conduire en ces difficultés,   1250
Il y faut, comme en tout, fuir les extrémités,
N'imiter pas ces gens un peu trop débonnaires
Qui tirent vanité de ces sortes d'affaires,
De leurs femmes toujours vont citant les galants,
En font partout l'éloge, et prônent leurs talents,   1255
Témoignent avec eux d'étroites sympathies,
Sont de tous leurs cadeaux[1], de toutes leurs parties,
Et font qu'avec raison les gens sont étonnés
De voir leur hardiesse à montrer là leur nez.
Ce procédé, sans doute, est tout à fait blâmable ;   1260
Mais l'autre extrémité n'est pas moins condamnable.
Si je n'approuve pas ces amis des galants,
Je ne suis pas aussi pour ces gens turbulents
Dont l'imprudent chagrin, qui tempête et qui gronde,
Attire au bruit qu'il fait les yeux de tout le monde,   1265
Et qui, par cet éclat, semblent ne pas vouloir

1. Voir note 1, p. 96.

Qu'aucun puisse ignorer ce qu'ils peuvent avoir[1].
Entre ces deux partis il en est un honnête,
Où dans l'occasion l'homme prudent s'arrête ;
1270 Et quand on le sait prendre, on n'a point à rougir
Du pis dont une femme avec nous puisse agir.
Quoi qu'on en puisse dire enfin, le cocuage
Sous des traits moins affreux aisément s'envisage ;
Et, comme je vous dis, toute l'habileté
1275 Ne va qu'à le savoir tourner du bon côté[2].

ARNOLPHE

Après ce beau discours, toute la confrérie[3]
Doit un remercîment à Votre Seigneurie ;
Et quiconque voudra vous entendre parler
Montrera de la joie à s'y voir enrôler.

CHRYSALDE

1280 Je ne dis pas cela, car c'est ce que je blâme ;
Mais, comme c'est le sort qui nous donne une femme,
Je dis que l'on doit faire ainsi qu'au jeu de dés,
Où, s'il ne vous vient pas ce que vous demandez,

1. On peut rapprocher ce passage de Montaigne : « Le caractère de la cornardise est indélébile : à qui il est une fois attaché, il l'est toujours ; le châtiment l'exprime plus que la faute. Il fait beau voir arracher de l'ombre et du doute nos malheurs privés, pour les trompeter en échafauds tragiques [...] Je sais cent honnêtes hommes cocus, honnêtement et peu indécemment » (in *Œuvres complètes*, Pléiade, 1962, p. 847).

2. Dans ses *Maximes et Réflexions sur la Comédie* (1694), Bossuet s'appuiera sur ce passage pour accuser Molière d'étaler « au grand jour les avantages d'une infâme tolérance dans les maris ».

3. *La confrérie :*... des cocus. « On dit aussi que les sots (= cocus) sont de la grande confrérie » (F).

Il faut jouer d'adresse, et d'une âme réduite[1]
Corriger le hasard par la bonne conduite.   1285

ARNOLPHE

C'est-à-dire dormir et manger toujours bien,
Et se persuader que tout cela n'est rien.

CHRYSALDE

Vous pensez vous moquer ; mais, à ne vous rien feindre,
Dans le monde je vois cent choses plus à craindre
Et dont je me ferais un bien plus grand malheur   1290
Que de cet accident qui vous fait tant de peur.
Pensez-vous qu'à choisir de deux choses prescrites,
Je n'aimasse pas mieux être ce que vous dites,
Que de me voir mari de ces femmes de bien,
Dont la mauvaise humeur fait un procès sur rien,   1295
Ces dragons de vertu, ces honnêtes diablesses[2],
Se retranchant toujours sur leurs sages prouesses.
Qui, pour un petit tort qu'elles ne nous font pas,
Prennent droit de traiter les gens de haut en bas,
Et veulent, sur le pied de[3] nous être fidèles,   1300
Que nous soyons tenus à tout endurer d'elles ?
Encore un coup, compère, apprenez qu'en effet
Le cocuage n'est que ce que l'on le fait,
Qu'on peut le souhaiter pour de certaines causes,
Et qu'il a ses plaisirs comme les autres choses.   1305

---

1. *Réduite :* soumise. « Ramener au devoir, à la raison » (A).
2. *Diablesses :* « Ne se dit qu'au figuré. Méchante femme, aca-
riâtre » (A).
3. *Sur le pied de :* « À raison, à proportion » (F). En raison et
à proportion de leur fidélité.

ARNOLPHE

Si vous êtes d'humeur à vous en contenter,
Quant à moi, ce n'est pas la mienne d'en tâter ;
Et plutôt que subir une telle aventure...

CHRYSALDE

Mon Dieu ! ne jurez point, de peur d'être parjure.
1310 Si le sort l'a réglé, vos soins sont superflus,
Et l'on ne prendra pas votre avis là-dessus.

ARNOLPHE

Moi, je serais cocu ?

CHRYSALDE

                    Vous voilà bien malade !
Mille gens le sont bien, sans vous faire bravade,
Qui de mine, de cœur, de biens et de maison,
1315 Ne feraient avec vous nulle comparaison.

ARNOLPHE

Et moi, je n'en voudrais avec eux faire aucune.
Mais cette raillerie, en un mot, m'importune :
Brisons là, s'il vous plaît.

CHRYSALDE

                        Vous êtes en courroux.
Nous en saurons la cause. Adieu. Souvenez-vous,
1320 Quoi que sur ce sujet votre honneur vous inspire,
Que c'est être à demi ce que l'on vient de dire,
Que de vouloir jurer qu'on ne le sera pas.

ARNOLPHE

Moi, je le jure encore, et je vais de ce pas
Contre cet accident trouver un bon remède.

SCÈNE IX

ALAIN, GEORGETTE, ARNOLPHE

ARNOLPHE

Mes amis, c'est ici que j'implore votre aide.   1325
Je suis édifié de votre affection ;
Mais il faut qu'elle éclate en cette occasion ;
Et si vous m'y servez selon ma confiance,
Vous êtes assurés de votre récompense.
L'homme que vous savez (n'en faites point de bruit)   1330
Veut, comme je l'ai su, m'attraper cette nuit,
Dans la chambre d'Agnès entrer par escalade ;
Mais il lui faut nous trois dresser une embuscade.
Je veux que vous preniez chacun un bon bâton,
Et, quand il sera près du dernier échelon   1335
(Car dans le temps qu'il faut j'ouvrirai la fenêtre),
Que tous deux, à l'envi, vous me chargiez ce traître,
Mais d'un air dont son dos garde le souvenir,
Et qui lui puisse apprendre à n'y plus revenir :
Sans me nommer pourtant en aucune manière,   1340
Ni faire aucun semblant que je serai derrière.
Aurez-vous bien l'esprit de servir mon courroux ?

ALAIN

S'il ne tient qu'à frapper, mon Dieu [1] ! tout est à nous :
Vous verrez, quand je bats, si j'y vais de main morte.

GEORGETTE

1345 La mienne, quoique aux yeux elle semble moins forte [2],
N'en quitte pas sa part à le bien étriller.

ARNOLPHE

Rentrez donc ; et surtout gardez de babiller.
Voilà pour le prochain une leçon utile ;
Et si tous les maris qui sont en cette ville
1350 De leurs femmes ainsi recevaient le galant,
Le nombre des cocus ne serait pas si grand.

1. Var. 1er tirage : Monsieur.
2. Var. 1er tirage : Elle n'est pas si forte.

ACTE V

ALAIN, GEORGETTE, ARNOLPHE

ARNOLPHE

Traîtres, qu'avez-vous fait par cette violence ?

ALAIN

Nous vous avons rendu, Monsieur, obéissance.

ARNOLPHE

De cette excuse en vain vous voulez vous armer :
L'ordre était de le battre, et non de l'assommer ;   1355
Et c'était sur le dos, et non pas sur la tête,
Que j'avais commandé qu'on fît choir la tempête.
Ciel ! dans quel accident me jette ici le sort !
Et que puis-je résoudre à voir cet homme mort ?
Rentrez dans la maison, et gardez de rien dire   1360
De cet ordre innocent que j'ai pu vous prescrire.

Le jour s'en va paraître, et je vais consulter[1]
Comment dans ce malheur je me dois comporter.
Hélas ! que deviendrai-je ? et que dira le père,
1365 Lorsque inopinément il saura cette affaire ?

SCÈNE II

HORACE, ARNOLPHE

HORACE

Il faut que j'aille un peu reconnaître qui c'est.

ARNOLPHE

Eût-on jamais prévu... Qui va là, s'il vous plaît ?

HORACE

C'est vous, Seigneur Arnolphe ?

ARNOLPHE

Oui. Mais vous ?...

HORACE

C'est Horace.
Je m'en allais chez vous, vous prier d'une grâce.
1370 Vous sortez bien matin !

1. *Consulter* : prendre conseil. « Régit aussi l'accusatif de la chose sur quoi on prend conseil » (A).

ARNOLPHE, *bas.*

Quelle confusion !
Est-ce un enchantement ? est-ce une illusion ?

HORACE

J'étais, à dire vrai, dans une grande peine,
Et je bénis du Ciel la bonté souveraine
Qui fait qu'à point nommé je vous rencontre ainsi.
Je viens vous avertir que tout a réussi,   1375
Et même beaucoup plus que je n'eusse osé dire,
Et par un incident qui devait tout détruire.
Je ne sais point par où l'on a pu soupçonner
Cette assignation qu'on[1] m'avait su donner ;
Mais, étant sur le point d'atteindre à la fenêtre,   1380
J'ai, contre mon espoir, vu quelques gens paraître,
Qui, sur moi brusquement levant chacun le bras,
M'ont fait manquer le pied et tomber jusqu'en bas.
Et ma chute, aux dépens de quelque meurtrissure,
De vingt coups de bâton m'a sauvé l'aventure.   1385
Ces gens-là, dont était, je pense, mon jaloux,
Ont imputé ma chute à l'effort de leurs coups ;
Et, comme la douleur, un assez long espace,
M'a fait sans remuer demeurer sur la place,
Ils ont cru tout de bon qu'ils m'avaient assommé,   1390
Et chacun d'eux s'en est aussitôt alarmé.
J'entendais tout leur bruit dans le profond silence ;

---

1. *Assignation :* « Se dit aussi des rendez-vous » (F). L'emploi très large du « on », qui peut représenter toutes les personnes du singulier et du pluriel, explique qu'il renvoie ici à Agnès, alors qu'au vers précédent il représente le jaloux.

L'un l'autre ils s'accusaient de cette violence ;
Et sans lumière aucune, en querellant le sort,
1395 Sont venus doucement tâter si j'étais mort :
Je vous laisse à penser si, dans la nuit obscure,
J'ai d'un vrai trépassé su tenir la figure.
Ils se sont retirés avec beaucoup d'effroi ;
Et comme je songeais à me retirer, moi,
1400 De cette feinte mort la jeune Agnès émue
Avec empressement est devers moi venue ;
Car les discours qu'entre eux ces gens avaient tenus
Jusques à son oreille étaient d'abord venus,
Et pendant tout ce trouble étant moins observée,
1405 Du logis aisément elle s'était sauvée ;
Mais me trouvant sans mal, elle a fait éclater
Un transport difficile à bien représenter.
Que vous dirai-je ? Enfin cette aimable personne
A suivi les conseils que son amour lui donne,
1410 N'a plus voulu songer à retourner chez soi,
Et de tout son destin s'est commise à ma foi.
Considérez un peu, par ce trait d'innocence,
Où l'expose d'un fou la haute impertinence [1],
Et quels fâcheux périls elle pourrait courir,
1415 Si j'étais maintenant homme à la moins chérir.
Mais d'un trop pur amour mon âme est embrasée ;
J'aimerais mieux mourir que l'avoir abusée ;
Je lui vois des appas dignes d'un autre sort,
Et rien ne m'en saurait séparer que la mort.
1420 Je prévois là-dessus l'emportement d'un père ;
Mais nous prendrons le temps d'apaiser sa colère.

1. *Impertinence* : « Se dit aussi des actions, des discours contraires à la raison, à la bienséance » (A).

À des charmes si doux je me laisse emporter,
Et dans la vie enfin il se faut contenter.
Ce que je veux de vous, sous un secret fidèle,
C'est que je puisse mettre en vos mains cette belle,   1425
Que dans votre maison, en faveur de mes feux,
Vous lui donniez retraite au moins un jour ou deux.
Outre qu'aux yeux du monde il faut cacher sa fuite,
Et qu'on en pourra faire une exacte[1] poursuite,
Vous savez qu'une fille aussi de sa façon   1430
Donne avec un jeune homme un étrange soupçon ;
Et comme c'est à vous, sûr de votre prudence,
Que j'ai fait de mes feux entière confidence,
C'est à vous seul aussi, comme ami généreux,
Que je puis confier ce dépôt amoureux.   1435

ARNOLPHE

Je suis, n'en doutez point, tout à votre service.

HORACE

Vous voulez bien me rendre un si charmant office ?

ARNOLPHE

Très volontiers, vous dis-je ; et je me sens ravir
De cette occasion que j'ai de vous servir,
Je rends grâces au Ciel de ce qu'il me l'envoie,   1440
Et n'ai jamais rien fait avec si grande joie.

HORACE

Que je suis redevable à toutes vos bontés !

1. *Exact :* du latin *exactus*, « poussé jusqu'au bout, accompli »
(R).

J'avais de votre part craint des difficultés ;
Mais vous êtes du monde, et dans votre sagesse
1445 Vous savez excuser le feu de la jeunesse.
Un de mes gens la garde au coin de ce détour.

ARNOLPHE

Mais comment ferons-nous ? car il fait un peu jour ;
Si je la prends ici, l'on me verra peut-être ;
Et s'il faut que chez moi vous veniez à paraître,
1450 Des valets causeront. Pour jouer au plus sûr,
Il faut me l'amener dans un lieu plus obscur.
Mon allée[1] est commode, et je l'y vais attendre.

HORACE

Ce sont précautions qu'il est fort bon de prendre.
Pour moi, je ne ferai que vous la mettre en main,
1455 Et chez moi, sans éclat, je retourne soudain.

ARNOLPHE, *seul.*

Ah ! fortune, ce trait d'aventure propice
Répare tous les maux que m'a faits ton caprice[2] !

---

1. *Allée :* ce peut être l'allée du jardin, mais aussi le corridor
d'entrée de la maison. Au vers 1461, Horace engage Agnès à entrer « dans cette porte ».
2. L'édition de 1734 précise le jeu de scène : « Il s'enveloppe
le nez de son manteau. »

SCÈNE III

AGNÈS, HORACE, ARNOLPHE

HORACE

Ne soyez point en peine où je vais vous mener :
C'est un logement sûr que je vous fais donner.
Vous loger avec moi, ce serait tout détruire : 1460
Entrez dans cette porte et laissez-vous conduire.

> *Arnolphe lui prend la main sans qu'elle le*
> *reconnaisse.*

AGNÈS

Pourquoi me quittez-vous ?

HORACE

Chère Agnès, il le faut.

AGNÈS

Songez donc, je vous prie, à revenir bientôt.

HORACE

J'en suis assez pressé par ma flamme amoureuse.

AGNÈS

Quand je ne vous vois point, je ne suis point joyeuse. 1465

HORACE

Hors de votre présence, on me voit triste aussi.

AGNÈS

Hélas ! s'il était vrai, vous resteriez ici.

HORACE

Quoi ? vous pourriez douter de mon amour extrême !

AGNÈS

Non, vous ne m'aimez pas autant que je vous aime.

Arnolphe la tire.

1470 Ah ! l'on me tire trop.

HORACE

C'est qu'il est dangereux,
Chère Agnès, qu'en ce lieu nous soyons vus tous deux ;
Et le parfait ami de qui la main vous presse
Suit le zèle prudent qui pour nous l'intéresse.

AGNÈS

Mais suivre un inconnu que...

HORACE

N'appréhendez rien :
1475 Entre de telles mains vous ne serez que bien.

AGNÈS

Je me trouverais mieux entre celles d'Horace.
Et j'aurais [1]...

1. Var. 1er tirage : « Et j'aurais... » : cette réplique est prêtée à
Horace.

À Arnolphe qui la tire encore.

Attendez.

HORACE

Adieu : le jour me chasse.

AGNÈS

Quand vous verrai-je donc ?

HORACE

Bientôt. Assurément.

AGNÈS

Que je vais m'ennuyer jusques à ce moment !

HORACE

Grâce au Ciel, mon bonheur n'est plus en concurrence [1],   1480
Et je puis maintenant dormir en assurance.

SCÈNE IV

ARNOLPHE, AGNÈS

ARNOLPHE, *le nez dans son manteau.*

Venez, ce n'est pas là que je vous logerai,
Et votre gîte ailleurs est par moi préparé :
Je prétends en lieu sûr mettre votre personne.
Me connaissez-vous ?   1485

1. *En concurrence :* exposé à la rivalité du jaloux.

AGNÈS, *le reconnaissant.*

Hay !

ARNOLPHE

Mon visage, friponne,
Dans cette occasion rend vos sens effrayés,
Et c'est à contrecœur qu'ici vous me voyez.
Je trouble en ses projets l'amour qui vous possède.

> *Agnès regarde si elle ne verra point
> Horace.*

N'appelez point des yeux le galant à votre aide :
1490 Il est trop éloigné pour vous donner secours.
Ah ! ah ! si jeune encor, vous jouez de ces tours !
Votre simplicité, qui semble sans pareille,
Demande si l'on fait les enfants par l'oreille ;
Et vous savez donner des rendez-vous la nuit,
1495 Et pour suivre un galant vous évader sans bruit !
Tudieu ! comme avec lui votre langue cajole[1] !
Il faut qu'on vous ait mise à quelque bonne école.
Qui diantre tout d'un coup vous en a tant appris ?
Vous ne craignez donc plus de trouver des esprits ?
1500 Et ce galant, la nuit, vous a donc enhardie ?
Ah ! coquine, en venir à cette perfidie ?
Malgré tous mes bienfaits former un tel dessein !
Petit serpent que j'ai réchauffé dans mon sein,
Et qui, dès qu'il se sent, par une humeur ingrate,
1505 Cherche à faire du mal à celui qui le flatte !

---

1. *Cajoler :* piailler, jaser comme un oiseau en cage.

AGNÈS

Pourquoi me criez-vous ?

ARNOLPHE

J'ai grand tort en effet !

AGNÈS

Je n'entends point de mal dans tout ce que j'ai fait.

ARNOLPHE

Suivre un galant n'est pas une action infâme ?

AGNÈS

C'est un homme qui dit qu'il me veut pour sa femme ;
J'ai suivi vos leçons, et vous m'avez prêché   1510
Qu'il se faut marier pour ôter le péché.

ARNOLPHE

Oui. Mais pour femme, moi je prétendais vous prendre ;
Et je vous l'avais fait, me semble, assez entendre.

AGNÈS

Oui. Mais, à vous parler franchement entre nous,
Il est plus pour cela selon mon goût que vous.   1515
Chez vous le mariage est fâcheux et pénible,
Et vos discours en font une image terrible ;
Mais, las ! il le fait, lui, si rempli de plaisirs,
Que de se marier il donne des désirs.

ARNOLPHE

Ah ! c'est que vous l'aimez, traîtresse !   1520

AGNÈS

Oui, je l'aime.

ARNOLPHE

Et vous avez le front de le dire à moi-même !

AGNÈS

Et pourquoi, s'il est vrai, ne le dirais-je pas ?

ARNOLPHE

Le deviez-vous aimer, impertinente ?

AGNÈS

Hélas !
Est-ce que j'en puis mais ? Lui seul en est la cause ;
1525 Et je n'y songeais pas lorsque se fit la chose.

ARNOLPHE

Mais il fallait chasser cet amoureux désir.

AGNÈS

Le moyen de chasser ce qui fait du plaisir ?

ARNOLPHE

Et ne saviez-vous pas que c'était me déplaire ?

AGNÈS

Moi ? point du tout. Quel mal cela vous peut-il faire ?

ARNOLPHE

1530 Il est vrai, j'ai sujet d'en être réjoui.

Vous ne m'aimez donc pas, à ce compte ?

AGNÈS

Vous ?

ARNOLPHE

Oui.

AGNÈS

Hélas ! non.

ARNOLPHE

Comment, non !

AGNÈS

Voulez-vous que je mente ?

ARNOLPHE

Pourquoi ne m'aimer pas, Madame l'impudente ?

AGNÈS

Mon Dieu, ce n'est pas moi que vous devez blâmer :
Que ne vous êtes-vous, comme lui, fait aimer ?   1535
Je ne vous en ai pas empêché, que je pense.

ARNOLPHE

Je me suis efforcé de toute ma puissance ;
Mais les soins que j'ai pris, je les ai perdus tous.

AGNÈS

Vraiment, il en sait donc là-dessus plus que vous ;
Car à se faire aimer il n'a point eu de peine.   1540

ARNOLPHE

Voyez comme raisonne et répond la vilaine[1] !
Peste ! une précieuse en dirait-elle plus ?
Ah ! je l'ai mal connue ; ou, ma foi ! là-dessus
Une sotte en sait plus que le plus habile homme.
1545 Puisqu'en raisonnement votre esprit se consomme[2],
La belle raisonneuse, est-ce qu'un si long temps
Je vous aurai pour lui nourrie à mes dépens ?

AGNÈS

Non. Il vous rendra tout jusques au dernier double[3].

ARNOLPHE

Elle a de certains mots où mon dépit redouble.
1550 Me rendra-t-il, coquine, avec tout son pouvoir,
Les obligations que vous pouvez m'avoir ?

AGNÈS

Je ne vous en ai pas d'aussi grandes qu'on pense.

ARNOLPHE

N'est-ce rien que les soins d'élever votre enfance ?

1. *Vilaine* : « Impertinent » (R). Mais le mot, dans la bouche
d'Arnolphe, peut avoir aussi son sens ancien de « paysanne » et
faire allusion à la petite enfance d'Agnès à la campagne. En ce
sens, il serait choisi en opposition avec le « précieuse » du vers
suivant.
2. *Se consomme* : atteint la perfection. « Achever, accomplir,
mettre en sa perfection » (A).
3. *Double* : « Petite monnaie de cuivre valant deux deniers. Il
sert à exagérer la pauvreté » (F).

AGNÈS

Vous avez là-dedans bien opéré vraiment,
Et m'avez fait en tout instruire joliment !   1555
Croit-on que je me flatte, et qu'enfin, dans ma tête,
Je ne juge pas bien que je suis une bête ?
Moi-même, j'en ai honte ; et, dans l'âge où je suis,
Je ne veux plus passer pour sotte, si je puis.

ARNOLPHE

Vous fuyez l'ignorance, et voulez, quoi qu'il coûte,   1560
Apprendre du blondin quelque chose ?

AGNÈS

                    Sans doute.
C'est de lui que je sais ce que je puis savoir :
Et beaucoup plus qu'à vous je pense lui devoir.

ARNOLPHE

Je ne sais qui me tient qu'avec une gourmade
Ma main de ce discours ne venge la bravade.   1565
J'enrage quand je vois sa piquante froideur,
Et quelques coups de poing satisferaient mon cœur.

AGNÈS

Hélas ! vous le pouvez, si cela peut vous plaire.

ARNOLPHE

Ce mot, et ce regard désarme ma colère,
Et produit un retour de tendresse de cœur,   1570
Qui de son action m'efface la noirceur.
Chose étrange d'aimer, et que pour ces traîtresses

Les hommes soient sujets à de telles faiblesses !
Tout le monde connaît leur imperfection :
1575 Ce n'est qu'extravagance et qu'indiscrétion ;
Leur esprit est méchant, et leur âme fragile ;
Il n'est rien de plus faible et de plus imbécile[1],
Rien de plus infidèle ; et malgré tout cela,
Dans le monde on fait tout pour ces animaux-là.
1580 Hé bien ! faisons la paix. Va, petite traîtresse,
Je te pardonne tout et te rends ma tendresse.
Considère par-là l'amour que j'ai pour toi,
Et me voyant si bon, en revanche aime-moi.

AGNÈS

Du meilleur de mon cœur je voudrais vous complaire :
1585 Que me coûterait-il, si je le pouvais faire ?

ARNOLPHE

Mon pauvre petit bec, tu le peux, si tu veux.

Il fait un soupir.

Écoute seulement ce soupir amoureux,
Vois ce regard mourant, contemple ma personne,
Et quitte ce morveux et l'amour qu'il te donne.
1590 C'est quelque sort qu'il faut qu'il ait jeté sur toi,
Et tu seras cent fois plus heureuse avec moi.
Ta forte passion est d'être brave et leste[2] :
Tu le seras toujours, va, je te le proteste,
Sans cesse, nuit et jour, je te caresserai,

1. *Imbécile :* « Qui est faible, sans vigueur [...] On appelle aussi
le sexe imbécile les femmes » (F).
2. *Brave* et *leste* renvoient tous deux à une notion d'élégance.

Je te bouchonnerai, baiserai, mangerai ;   1595
Tout comme tu voudras, tu pourras te conduire :
Je ne m'explique point, et cela, c'est tout dire.

                                                À part.

Jusqu'où la passion peut-elle faire aller !
Enfin à mon amour rien ne peut s'égaler :
Quelle preuve veux-tu que je t'en donne, ingrate ?   1600
Me veux-tu voir pleurer ? Veux-tu que je me batte ?
Veux-tu que je m'arrache un côté de cheveux ?
Veux-tu que je me tue ? Oui, dis si tu le veux :
Je suis tout prêt, cruelle, à te prouver ma flamme.

                        AGNÈS

Tenez, tous vos discours ne me touchent point l'âme :   1605
Horace avec deux mots en ferait plus que vous.

                        ARNOLPHE

Ah ! c'est trop me braver, trop pousser mon courroux.
Je suivrai mon dessein, bête trop indocile.
Et vous dénicherez à l'instant de la ville.
Vous rebutez mes vœux et me mettez à bout ;   1610
Mais un cul de convent[1] me vengera de tout.

---

1. *Convent :* l'orthographe « couvent » prévaut dès le milieu du siècle, et Richelet note en 1680 : « On dit et on écrit présentement couvent, et non convent. » Le cul de couvent est « le lieu le mieux gardé, le plus resserré d'un couvent » (F).

SCÈNE V

ALAIN, ARNOLPHE

ALAIN

Je ne sais ce que c'est, Monsieur, mais il me semble
Qu'Agnès et le corps mort s'en sont allés ensemble.

ARNOLPHE

La voici. Dans ma chambre allez me la nicher :
1615 Ce ne sera pas là qu'il la viendra chercher ;
Et puis, c'est seulement pour une demi-heure :
Je vais, pour lui donner une sûre demeure,
Trouver une voiture. Enfermez-vous des mieux,
Et surtout gardez-vous de la quitter des yeux.
1620 Peut-être que son âme, étant dépaysée,
Pourra de cet amour être désabusée.

SCÈNE VI

ARNOLPHE, HORACE

HORACE

Ah ! je viens vous trouver, accablé de douleur.
Le Ciel, Seigneur Arnolphe, a conclu [1] mon malheur ;

1. *Conclu :* « Arrêter une chose, la résoudre » (F). Cf. le *Dépit amoureux :* « Le sort absolument a conclu ma ruine », v. 1138.

Et par un trait fatal d'une injustice extrême,
On me veut arracher de la beauté que j'aime. 1625
Pour arriver ici mon père a pris le frais[1] ;
J'ai trouvé qu'il mettait pied à terre ici près ;
Et la cause, en un mot, d'une telle venue,
Qui, comme je disais, ne m'était pas connue,
C'est qu'il m'a marié sans m'en récrire[2] rien, 1630
Et qu'il vient en ces lieux célébrer ce lien.
Jugez, en prenant part à mon inquiétude,
S'il pouvait m'arriver un contretemps plus rude.
Cet Enrique, dont hier je m'informais à vous,
Cause tout le malheur dont je ressens les coups ; 1635
Il vient avec mon père achever ma ruine,
Et c'est sa fille unique à qui l'on me destine.
J'ai, dès leurs premiers mots, pensé m'évanouir ;
Et d'abord, sans vouloir plus longtemps les ouïr,
Mon père ayant parlé de vous rendre visite, 1640
L'esprit plein de frayeur je l'ai devancé vite.
De grâce, gardez-vous de lui rien découvrir
De mon engagement qui le pourrait aigrir ;
Et tâchez, comme en vous il prend grande créance,
De le dissuader de cette autre alliance. 1645

ARNOLPHE

Oui-da.

1. *A pris le frais :* a attendu que la fraîcheur tombe.
2. *Récrire :* écrire à nouveau. Horace a déjà reçu une première lettre de son père (voir v. 267). Le mariage était au XVIIe siècle d'abord l'affaire des parents, et les enfants pouvaient fort bien, comme ici, n'être prévenus qu'une fois la chose arrangée.

HORACE

Conseillez-lui de différer un peu,
Et rendez, en ami, ce service à mon feu.

ARNOLPHE

Je n'y manquerai pas.

HORACE

C'est en vous que j'espère.

ARNOLPHE

Fort bien.

HORACE

Et je vous tiens mon véritable père.
1650 Dites-lui que mon âge... Ah ! je le vois venir :
Écoutez les raisons que je vous puis fournir.

Ils demeurent en un coin du théâtre.

SCÈNE VII

ENRIQUE, ORONTE, CHRYSALDE, HORACE, ARNOLPHE

ENRIQUE, *à Chrysalde.*

Aussitôt qu'à mes yeux je vous ai vu paraître,
Quand on ne m'eût rien dit, j'aurais su vous connaître.
Je vous vois tous les traits de cette aimable sœur
1655 Dont l'hymen autrefois m'avait fait possesseur ;

Et je serais heureux si la Parque cruelle
M'eût laissé ramener cette épouse fidèle,
Pour jouir avec moi des sensibles douceurs
De revoir tous les siens après nos longs malheurs.
Mais puisque du destin la fatale puissance   1660
Nous prive pour jamais de sa chère présence,
Tâchons de nous résoudre, et de nous contenter
Du seul fruit amoureux qui m'en est pu rester.
Il vous touche de près ; et, sans votre suffrage,
J'aurais tort de vouloir disposer de ce gage.   1665
Le choix du fils d'Oronte est glorieux de soi ;
Mais il faut que ce choix vous plaise comme à moi.

CHRYSALDE

C'est de mon jugement avoir mauvaise estime
Que douter si j'approuve un choix si légitime.

ARNOLPHE, *à Horace.*

Oui, je vais vous servir de la bonne façon.   1670

HORACE

Gardez, encor un coup...

ARNOLPHE

N'ayez aucun soupçon.

ORONTE, *à Arnolphe.*

Ah ! que cette embrassade est pleine de tendresse !

ARNOLPHE

Que je sens à vous voir une grande allégresse !

ORONTE

Je suis ici venu...

ARNOLPHE

Sans m'en faire récit
1675 Je sais ce qui vous mène.

ORONTE

On vous l'a déjà dit.

ARNOLPHE

Oui.

ORONTE

Tant mieux.

ARNOLPHE

Votre fils à cet hymen résiste,
Et son cœur prévenu n'y voit rien que de triste :
Il m'a même prié de vous en détourner ;
Et moi, tout le conseil que je vous puis donner,
1680 C'est de ne pas souffrir que ce nœud se diffère,
Et de faire valoir l'autorité de père.
Il faut avec vigueur ranger[1] les jeunes gens,
Et nous faisons contre[2] eux à leur être indulgents.

HORACE

Ah ! traître !

1. *Ranger :* « Réduire, mettre une personne à son devoir » (R).
2. *Contre eux :* c'est agir contre eux, les desservir que de...

CHRYSALDE

Si son cœur a quelque répugnance,
Je tiens qu'on ne doit pas lui faire violence.   1685
Mon frère, que je crois, sera de mon avis.

ARNOLPHE

Quoi ? se laissera-t-il gouverner par son fils ?
Est-ce que vous voulez qu'un père ait la mollesse
De ne savoir pas faire obéir la jeunesse ?
Il serait beau vraiment qu'on le vît aujourd'hui   1690
Prendre loi de qui doit la recevoir de lui !
Non, non : c'est mon intime, et sa gloire est la mienne :
Sa parole est donnée, il faut qu'il la maintienne,
Qu'il fasse voir ici de fermes sentiments,
Et force de son fils tous les attachements.   1695

ORONTE

C'est parler comme il faut, et, dans cette alliance,
C'est moi qui vous réponds de son obéissance.

CHRYSALDE, *à Arnolphe.*

Je suis surpris, pour moi, du grand empressement
Que vous me faites[1] voir pour cet engagement,
Et ne puis deviner quel motif vous inspire...   1700

ARNOLPHE

Je sais ce que je fais, et dis ce qu'il faut dire.

1. Var. 1er tirage : que vous nous faites.

ORONTE

Oui, oui, Seigneur Arnolphe, il est...

CHRYSALDE

　　　　　　　　　　　　Ce nom l'aigrit ;
C'est Monsieur de la Souche, on vous l'a déjà dit.

ARNOLPHE

Il n'importe.

HORACE

　　　　Qu'entends-je !

ARNOLPHE, *se retournant vers Horace.*

　　　　　　　　　　　Oui, c'est là le mystère,
1705 Et vous pouvez juger ce que je devais faire.

HORACE

En quel trouble...

SCÈNE VIII

GEORGETTE, ENRIQUE, ORONTE,
CHRYSALDE, HORACE, ARNOLPHE

GEORGETTE

　　　　Monsieur, si vous n'êtes auprès,
Nous aurons de la peine à retenir Agnès ;
Elle veut à tous coups s'échapper, et peut-être

Qu'elle se pourrait bien jeter par la fenêtre.

ARNOLPHE

Faites-la-moi venir ; aussi bien de ce pas   1710
Prétends-je l'emmener ; ne vous en fâchez pas.
Un bonheur continu rendrait l'homme superbe ;
Et chacun a son tour, comme dit le proverbe.

HORACE

Quels maux peuvent, ô Ciel ! égaler mes ennuis !
Et s'est-on jamais vu dans l'abîme où je suis !   1715

ARNOLPHE, *à Oronte.*

Pressez vite le jour de la cérémonie :
J'y prends part, et déjà moi-même je m'en prie [1].

ORONTE

C'est bien notre dessein.

SCÈNE IX

AGNÈS, ALAIN, GEORGETTE, ORONTE,
ENRIQUE, ARNOLPHE, HORACE, CHRYSALDE.

ARNOLPHE

Venez, belle, venez,
Qu'on ne saurait tenir, et qui vous mutinez.
Voici votre galant, à qui, pour récompense,   1720

1. *Prie :* « Sign. aussi inviter, convier » (A).

Vous pouvez faire une humble et douce révérence.
Adieu. L'événement trompe un peu vos souhaits ;
Mais tous les amoureux ne sont pas satisfaits.

AGNÈS

Me laissez-vous, Horace, emmener de la sorte ?

HORACE

1725 Je ne sais où j'en suis, tant ma douleur est forte.

ARNOLPHE

Allons, causeuse, allons.

AGNÈS

Je veux rester ici.

ORONTE

Dites-nous ce que c'est que ce mystère-ci.
Nous nous regardons tous, sans le pouvoir comprendre.

ARNOLPHE

Avec plus de loisir je pourrai vous l'apprendre.
1730 Jusqu'au revoir.

ORONTE

Où donc prétendez-vous aller ?
Vous ne nous parlez point comme il nous faut parler.

ARNOLPHE

Je vous ai conseillé, malgré tout son murmure,
D'achever l'hyménée.

ORONTE

Oui. Mais pour le conclure,
Si l'on vous a dit tout, ne vous a-t-on pas dit
Que vous avez chez vous celle dont il s'agit,   1735
La fille qu'autrefois de l'aimable Angélique,
Sous des liens secrets, eut le seigneur Enrique ?
Sur quoi votre discours était-il donc fondé ?

CHRYSALDE

Je m'étonnais aussi de voir son procédé.

ARNOLPHE

Quoi ?...   1740

CHRYSALDE

D'un hymen secret ma sœur eut une fille,
Dont on cacha le sort à toute la famille.

ORONTE

Et qui sous de feints noms, pour ne rien découvrir,
Par son époux aux champs fut donnée à nourrir.

CHRYSALDE

Et dans ce temps, le sort, lui déclarant la guerre,
L'obligea de sortir de sa natale terre.   1745

ORONTE

Et d'aller essuyer mille périls divers
Dans ces lieux séparés de nous par tant de mers.

CHRYSALDE

Où ses soins ont gagné ce que dans sa patrie
Avaient pu lui ravir l'imposture et l'envie.

ORONTE

1750 Et de retour en France, il a cherché d'abord,
Celle à qui de sa fille il confia le sort.

CHRYSALDE

Et cette paysanne a dit avec franchise
Qu'en vos mains à quatre ans elle l'avait remise.

ORONTE

Et qu'elle l'avait fait sur[1] votre charité,
1755 Par un accablement d'extrême pauvreté.

CHRYSALDE

Et lui, plein de transport et l'allégresse en l'âme,
A fait jusqu'en ces lieux conduire cette femme.

ORONTE

Et vous allez enfin la voir venir ici,
Pour rendre aux yeux de tous ce mystère éclairci.

CHRYSALDE

1760 Je devine à peu près quel est votre supplice ;
Mais le sort en cela ne vous est que propice :
Si n'être point cocu vous semble un si grand bien,
Ne vous point marier en est le vrai moyen.

1. *Sur :* en se reposant sur, en se fiant à.

ARNOLPHE, *s'en allant tout transporté,*
et ne pouvant parler.

Oh[1] !

ORONTE

D'où vient qu'il s'enfuit sans rien dire ?

HORACE

Ah ! mon père,
Vous saurez pleinement ce surprenant mystère.   1765
Le hasard en ces lieux avait exécuté
Ce que votre sagesse avait prémédité :
J'étais par les doux nœuds d'une ardeur mutuelle
Engagé de parole avecque cette belle ;
Et c'est elle, en un mot, que vous venez chercher,   1770
Et pour qui mon refus a pensé vous fâcher.

ENRIQUE

Je n'en ai point douté d'abord que je l'ai vue,
Et mon âme depuis n'a cessé d'être émue.
Ah ! ma fille, je cède à des transports si doux.

CHRYSALDE

J'en ferais de bon cœur, mon frère, autant que vous,   1775
Mais ces lieux et cela ne s'accommodent guère.

1. L'édition de 1734 rétablit « Ouf », dont on sait que c'était le cri que prononçait Molière en scène. Cri de douleur, s'il faut en croire Robinet : « Au lieu que la comédie doit finir par quelque chose de gai, celle-ci finit par le désespoir d'un amant qui se retire avec un Ouf ! par lequel il tâche d'exhaler la douleur qui l'étouffe » (*Panégyrique de l'École des femmes*, sc. V).

Allons dans la maison débrouiller ces mystères,
Payer à notre ami ces soins officieux[1],
Et rendre grâce au Ciel qui fait tout pour le mieux.

---

1. *Officieux :* obligeant. Se dit de quelqu'un « prompt à faire
office, serviable » (A).

DOSSIER

CHRONOLOGIE

La jeunesse :

1621   *27 avril :* Mariage à Paris (Saint-Eustache) de Jean Po-
        quelin, marchand tapissier, vingt-quatre ans, et de Ma-
        rie Cressé, dix-neuf ans. Tous deux sont de familles de
        tapissiers (depuis trois générations), vivant dans le
        quartier des Halles.

1622   *15 janvier :* Baptême à Saint-Eustache de Jean, qui sera
        appelé Jean-Baptiste dans la famille. L'enfant a dû naî-
        tre un ou deux jours avant.

1623-1628   Naissance successivement de Louis, Jean (autre
        fils prénommé ainsi), Marie, Nicolas, Madeleine, frères
        et sœurs de Jean-Baptiste.

1626   Mort du grand-père paternel et parrain de Jean-Bap-
        tiste. Est-ce lui (ou le grand-père Cressé ?) qui lui a fait
        connaître, lors de promenades dans Paris, les farceurs
        du Pont-Neuf ?

1631   Jean Poquelin le père achète à son frère un office de
        tapissier et valet de chambre du roi. La charge consiste
        à confectionner et entretenir les meubles, garnitures et
        décorations de la maison royale.

1632   Mort de la mère de Jean-Baptiste. L'inventaire après
        décès fait apparaître un mobilier cossu et raffiné, des
        bijoux de prix, une bibliothèque, le tout dénotant une
        femme de goût.

1633   Remariage de Jean Poquelin le père avec une autre fille de marchand, Catherine Fleurette, qui lui donne trois filles.

1636   Mort de la seconde épouse de Jean Poquelin. Des deux mariages, il reste cinq enfants survivants.

1635(?)-1640 Études de Jean-Baptiste chez les jésuites du collège de Clermont (actuel lycée Louis-le-Grand). Il a peut-être pour condisciples Chapelle et Bernier, qui l'introduiront dans les milieux épicuriens, et notamment auprès de Gassendi, lorsque celui-ci s'installe à Paris en 1641.

1640   Études de droit à Orléans, où il obtient sa licence. Il s'inscrit au barreau comme avocat, mais n'exerce que quelques mois. C'est à ce moment-là qu'il commence à se mêler aux milieux du théâtre, fréquentant les Béjart et servant de compère à un opérateur.

1642   Depuis 1637, son père a obtenu pour lui la survivance de sa charge de tapissier du roi. Peut-être Jean-Baptiste commence-t-il à l'exercer en accompagnant le roi à Narbonne.

L'Illustre Théâtre et la troupe itinérante :

1643   *6 janvier :* Jean-Baptiste règle avec son père les questions de partage dans la succession de sa mère et renonce à la survivance de la charge de tapissier.

    30 juin : Signature du contrat fondant l'Illustre Théâtre, créé autour de la famille Béjart et en particulier de Madeleine, née en 1618. La troupe s'installe au jeu de paume des Métayers, faubourg Saint-Germain.

1644   *28 juin :* Première apparition, au bas d'un acte, de la signature « Molière ». Jamais il ne s'expliquera sur le choix de ce pseudonyme. La troupe connaît de graves difficultés financières.

    19 décembre : Installation au jeu de paume de la Croix-Noire. Les dettes continuent de s'accumuler.

1645   Molière, en tant que directeur responsable, est deux fois emprisonné pour dettes. Libéré, il décide de quitter Paris avec ses comédiens et rejoint en province la troupe de Dufresne. L'aventure provinciale va durer treize ans.

1645-1652 Tournées, principalement dans l'Ouest et le Sud du pays : Nantes, Poitiers, Agen, Toulouse, Albi, Pézenas, Grenoble, Lyon...

1653 La troupe, d'abord protégée par le duc d'Épernon, est accueillie à Pézenas par le prince de Conti, frère du Grand Condé, qui lui donne sa protection et son nom : « Troupe de Mgr le prince de Conti ».

1653-1657 Poursuite des tournées : Dijon, Lyon, Vienne, Grenoble, Avignon, Pézenas, Carcassonne. Création à Lyon de *L'Étourdi* en 1655 et à Béziers du *Dépit amoureux* vers la fin 1656.

1657 Le prince de Conti, qui vient de se convertir, manifeste son hostilité au théâtre en retirant sa protection à la troupe. Celle-ci poursuit néanmoins ses tournées : Lyon, Grenoble, Rouen (rencontre avec Corneille).

Les débuts parisiens :

1658 Après Rouen, la troupe décide de rentrer à Paris. Elle s'y installe en octobre et se place sous la protection de Monsieur, frère du roi.
24 octobre : Représentation devant le roi. Molière donne *Nicomède*, de Corneille, et une farce (perdue), le *Docteur amoureux*. Le roi accorde à la troupe la salle du Petit-Bourbon, à partager en alternance avec les Italiens de Tiberio Fiorilli, dit Scaramouche. Molière y joue les lundis, mercredis, jeudis et samedis.
2 novembre : Débuts, dans cette salle, devant le public parisien, avec *L'Étourdi*. Grand succès. Mais échec dans le répertoire tragique cornélien (*Héraclius, Rodogune, Cinna, Le Cid, Pompée*).

1659 Départ des Italiens. Molière occupe seul la salle du Pe-

tit-Bourbon et joue les jours ordinaires (mardi, ven-
dredi et dimanche). Il engage le célèbre Jodelet, qui
mourra l'année suivante, et La Grange, qui commence
à tenir le registre de la troupe.

18 novembre : Les Précieuses ridicules. Le succès est
éclatant : la pièce, note Loret dans sa *Gazette*, a été « si
fort visitée par gens de toutes qualités qu'on n'en vit
jamais tant ensemble ». Première grande réussite, mais
aussi première cabale, où participent les concurrents de
l'Hôtel de Bourgogne.

1660   *6 avril :* Par suite de la mort de son frère, Molière retrouve sa charge de tapissier du roi.

28 mai : Sganarelle ou le Cocu imaginaire. Nouveau
succès. Première apparition de « Sganarelle », type que
Molière va utiliser sept fois.

11 octobre : Démolition de la salle du Petit-Bourbon,
sans que la troupe en soit avertie. Le roi accorde à Molière la salle du Palais-Royal, qui nécessite de grosses
réparations.

1661   *20 janvier :* Ouverture de la nouvelle salle avec le *Dépit amoureux.*

4 février : Première de *Dom Garcie de Navarre.*
L'échec, rapide, de la pièce, tragi-comédie romanesque,
détourne Molière de ce type de théâtre.

24 juin : Première de *L'École des maris.* Après des
premières représentations un peu tièdes, le succès se
dessine.

17 août : Grande fête donnée par Fouquet dans son
château de Vaux-le-Vicomte. Molière y crée *Les
Fâcheux* devant le roi. Celui-ci suggère à l'auteur
d'ajouter à sa galerie de portraits celui du maniaque de
la chasse. Molière, très rapidement, compose la scène
(II, 6), qui sera insérée dans la pièce dès la représentation suivante. *Les Fâcheux* sont joués au Palais-Royal
le *4 novembre.* Molière habite alors en face de son
théâtre, rue Saint-Thomas-du-Louvre. Entre 1661 et
1672, il habitera cette même rue, mais dans trois maisons successives.

Les succès et les luttes :

1662 *20 février :* Mariage de Molière avec Armande Béjart. Le contrat a été passé le *23 janvier*. La mariée a à peine vingt ans. Elle est très probablement la jeune sœur de Madeleine, mais les ennemis de Molière feront très tôt courir le bruit que Madeleine est sa mère, quand ils n'insinueront pas que Molière est son père.
8 mai : Premier séjour de la troupe à la cour, à Saint-Germain-en-Laye.
26 décembre : Création de *L'École des femmes* au Palais-Royal. Grand succès, tout Paris y court. Une « fronde » s'organise dès les premières représentations.

1663 Querelle autour de *L'École des femmes*. Molière répond à ses adversaires par *La Critique de L'École des femmes*, créée le *1er juin* au Palais-Royal, et par *L'Impromptu de Versailles* donné à la cour à la mi-octobre. Entre-temps, Molière touche une gratification royale de 1 000 livres, qui lui sera renouvelée tous les ans.

1664 *29 janvier :* Première du *Mariage forcé* au Louvre, dans l'appartement de la reine mère.
28 février : Baptême du premier fils de Molière, Louis, qui a pour parrain le roi et pour marraine Madame, épouse de Monsieur frère du roi. L'enfant mourra dans l'année.
Mai : Molière anime à Versailles la fête des *Plaisirs de l'Île enchantée*. Le *8*, il donne *La Princesse d'Élide*, le *12* le premier *Tartuffe* en trois actes. Le parti dévot, qui avait essayé d'étouffer la pièce avant la représentation, entre en action et fait pression auprès du roi : celui-ci interdit toute représentation publique de la pièce.
20 juin : Molière crée *La Thébaïde*, première tragédie de Racine.
29 novembre : Molière joue chez la princesse Palatine une version arrangée et complétée du *Tartuffe*, en cinq actes.

1665   *15 février :* Première de *Dom Juan* au Palais-Royal.
Quinze représentations seulement.
4 août : Baptême du second enfant de Molière, Esprit-Madeleine.
14 août : Pension royale. La troupe devient « Troupe du Roi ».
14 septembre : Première de *L'Amour médecin* à Versailles.
4 décembre : Molière crée l'*Alexandre* de Racine, mais la pièce est jouée quelques jours plus tard à l'Hôtel de Bourgogne. Brouille avec Racine.

1666   Molière tombe gravement malade (fluxion de poitrine ?) et doit s'arrêter. Plusieurs mois de relâche.
4 juin : Première du *Misanthrope*.
6 août : Première du *Médecin malgré lui*. La querelle sur la moralité du théâtre se développe, et Molière est parmi les principales cibles des adversaires du théâtre.
1er décembre : Départ de la troupe à la cour, à Saint-Germain-en-Laye, pour un séjour de près de trois mois. La troupe est employée dans *Le Ballet des Muses*, où Molière insère une pastorale, *Mélicerte*.

1667   *14 février :* Création, dans *Le Ballet*, du *Sicilien ou l'Amour peintre*. La troupe revient à Paris, mais des rechutes dans la maladie de Molière entraînent plusieurs interruptions. Le *16 avril*, le bruit court même que Molière est mourant.
5 août : Seule et unique représentation de *L'Imposteur*, version remaniée du *Tartuffe*. Interdiction immédiate par les autorités civiles et religieuses.

1668   *13 janvier :* Première d'*Amphitryon* au Palais-Royal.
18 juillet : Première de *George Dandin* à Versailles, au cours du *Grand divertissement* donné pour célébrer la conquête de la Franche-Comté.
9 septembre : Première de *L'Avare* au Palais-Royal.

1669   *5 février :* Le roi lève l'interdiction de représenter *Tartuffe*. La pièce atteint, dès sa première représentation, le chiffre record de 2 860 livres de recette.

27 février : Mort du père de Molière.

6 octobre : La troupe à Chambord avec quinze pièces, dont une création, *Monsieur de Pourceaugnac*.

1670   *4 janvier :* Publication, sous l'anonyme, du pamphlet le plus violent jamais dirigé contre Molière, *Élomire hypocondre*, somme de tous les ragots et de toutes les mesquineries engendrés par les querelles de *L'École des femmes* et du *Tartuffe*.

Les dernières années :

1670   *4 février : Les Amants magnifiques*, donné pour le carnaval, sur une commande du roi, à Saint-Germain.

14 octobre : Le Bourgeois gentilhomme, donné à Chambord « pour le divertissement du roi ».

1671   *17 janvier :* Première de *Psyché*, aux Tuileries, dans la grande salle des machines. Spectacle somptueux, pour lequel Molière s'est assuré le concours de Quinault pour le livret, de Lully pour la musique et de Corneille pour une bonne partie des vers. La pièce, avec ses machines, ses décors, ses musiciens, et son budget impressionnant, traduit le couronnement d'une forme de spectacle qui vise à une véritable fusion des arts : poésie, théâtre, musique, chant, danse. Molière apparaît comme le grand ordonnateur des fêtes royales.

24 mai : Retour à la forme première du théâtre comique — la farce — avec *Les Fourberies de Scapin*, au Palais-Royal.

2 décembre : La troupe, invitée à la cour, y crée *La Comtesse d'Escarbagnas*.

1672   *17 février :* Mort de Madeleine Béjart.

11 mars : Première des *Femmes savantes*.

29 mars : Lully, qui a su manœuvrer auprès du roi, obtient un privilège pour l'établissement d'une académie royale de musique, qui lui assure un monopole quasi total en matière de spectacle. Violente protestation de Molière, à la fois pour défendre sa troupe, mais aussi parce qu'il ne partage pas la conception qu'a Lully de la musique comme ossature du spectacle. Pour Molière, c'est le texte qui est premier.

1er octobre : Baptême du troisième enfant de Molière, Pierre, qui meurt quelques jours après.

1673   *10 février :* Première du *Malade imaginaire* au Palais-Royal. Pour la partie chantée et dansée, Molière a passé outre au privilège de Lully et fait appel à un nouveau compositeur, Marc-Antoine Charpentier.

17 février : Quatrième représentation du *Malade imaginaire*. Molière est pris d'une convulsion en prononçant le « juro » de la cérémonie finale. Il crache le sang. On le ramène chez lui, rue de Richelieu, dans la maison qu'il occupe depuis l'année précédente. Il y meurt à dix heures du soir, sans avoir reçu les sacrements. Il faut l'intervention d'Armande auprès du roi pour que les autorités religieuses acceptent un enterrement discret : le corps est inhumé le *21 février*, de nuit, au cimetière Saint-Joseph, dans une partie réservée aux enfants morts-nés, c'est-à-dire n'étant pas de terre sainte.

9 juillet : Réunion des comédiens de Molière et de la troupe du Marais dans une nouvelle « troupe du roi ». La fusion de ces deux troupes sera parachevée par la réunion avec celle de l'Hôtel de Bourgogne, entraînant la création, en 1680, de la Comédie-Française.

1677   Remariage d'Armande avec le comédien Guérin d'Estriché. Armande mourra en 1700, tandis que le seul enfant survivant de Molière, sa fille Esprit-Madeleine, mourra sans enfant en 1723.

1682   Parution des *Œuvres de Monsieur de Molière*, contenant l'ensemble du théâtre, dont les sept comédies qui n'avaient pas été éditées du vivant de Molière.

NOTICE

L'École des femmes est créée, au théâtre du Palais-Royal, le 26 décembre 1662. De cette pièce qui marque véritablement la naissance de la grande comédie moliéresque, et qui impose sur la scène française une façon nouvelle de concevoir le théâtre comique, ses adversaires soulignent aussitôt, comme pour en minimiser la réussite, le manque d'originalité. Donneau de Visé, s'il admet qu'elle a « produit des effets tout nouveaux », attribue son succès à la seule curiosité mondaine : « Tout le monde l'a trouvée méchante, et tout le monde y a couru. » Mais, pour ce qui est du sujet choisi par Molière, il le rapproche de celui de *L'École des maris* pour affirmer que, dans les deux cas, il « n'est point de son invention », mais « tiré de divers endroits ». L'argument est, certes, polémique et vise à désamorcer le succès de nouveauté qu'obtient la comédie, en prétendant que tout ce qu'elle présente a déjà été dit. Donneau ira même plus loin en affirmant un peu plus tard, dans *Zélinde ou la véritable critique de l'École des femmes*, que ce qu'il y a de plus brillant dans la pièce revient non à Molière, mais aux œuvres qu'il a imitées. Derrière le trait décoché reste, toutefois, une vérité : comme toujours, Molière va chercher son bien là où il l'entend, ne se privant d'aucune source qui puisse lui être utile. Aucune des comédies de Molière ne se passe de ces apports, l'imitation faisant, dans le théâtre comique plus qu'ailleurs, partie du genre. Il existe tout un répertoire de situations, de thèmes, de personnages où Molière, comme ses confrères, ne se prive pas de puiser, l'important résidant non dans le fait qu'il ait recours aux textes de ses devanciers, mais dans le choix qu'il fait parmi eux et dans le traitement qu'il leur fait subir. Et, de fait, *L'École des femmes* semble bien, à voir le nombre de sources que depuis le XVIIe siècle la critique a répertoriées, être redevable à tant de textes et d'auteurs que l'appoint particulier de tel ou tel se dissout totalement dans ce qui est, plus que jamais, la création moliéresque. On a cité Boccace, Straparole, Doña Maria de Zayas, Calderón, Lope de Vega, Dorimond, Scarron, et même Plutarque, Machiavel, Cervantès et saint Grégoire de Nazianze, sans compter d'autres noms de moindre renommée. Comment, dans cette avalanche de sources, rendre à César ce qui lui revient ? Peut-être en remarquant simplement que Molière, en faisant appel aux textes qu'il sollicite, intègre à sa comédie certaines traditions littéraires et théâtrales dont il entend se réclamer. Ainsi envisagées, les sources de *L'École des femmes* révèlent trois composantes essentielles, sur lesquelles repose la pièce. La première de ces composantes est constituée par la tradition du conte et de la farce, sensible dans les deux références principales : Scarron et l'Italien Straparole. La nouvelle de *La Précaution inutile* que Scarron publie en 1655, en traduisant lui-même l'original espagnol de Doña Maria de Zayas, présente un gentilhomme qui élève une enfant, l'entoure de gardiens stupides, la maintient dans l'ignorance, puis l'épouse. Malgré toutes ces précautions, survient un galant qui voit la fille au balcon, entre en contact avec elle grâce à une vieille entremetteuse, et parvient à ses fins. Le conte tiré des *Facétieuses Nuits* de Straparole apporte, quant à lui, l'idée d'un jeune homme qui tombe amoureux de la femme de son professeur, sans savoir qui elle est, et qui prend le mari pour confident de ses amours et des péripéties qu'elles entraînent, lui racontant par exemple comment il s'est retrouvé enfermé dans une armoire pour se cacher du mari jaloux. La contamination des deux contes fournit à

Molière l'ossature même de sa comédie et lui apporte ces éléments connus que sont le mauvais tour, le jaloux dupé, le cocu malgré lui. Cette atmosphère de tromperie lie la comédie au registre farcesque et fait d'abord d'Arnolphe un bouffon, au même titre que son devancier Sganarelle.

À cette première composante s'ajoute, comme dans *L'École des maris*, la tradition de la comédie d'intrigue : même s'il est douteux que Molière ait connu *La Dama boba*, pièce dans laquelle Lope de Vega montre comment une jeune fille niaise se transforme sous l'effet de l'amour, bien des péripéties de *L'École des femmes* baignent dans une atmosphère romanesque qui sent la comédie à l'espagnole. Un balcon où apparaît la jeune fille et où grimpe, de nuit, un galant ; une lettre d'amour qui enveloppe un grès qu'on fait mine de lancer au jeune homme ; celui-ci, victime d'un piège que lui tend son rival et qu'on laisse pour mort ; la jeune fille qui s'enfuit et qui se retrouve confiée au jaloux, lequel se cache dans son manteau pour n'être pas reconnu ; l'arrivée à point nommé d'un père d'Amérique, permettant la reconnaissance finale et le mariage des amants : Molière, là non plus, ne cache pas ses dettes, d'autant que l'essentiel de l'intrigue repose sur le ressort romanesque le plus traditionnel, un quiproquo. Et comme s'il cherchait précisément à maintenir son public en terrain connu, Molière fait appel à une troisième composante : son propre théâtre. Ses ennemis, là aussi, ne manquent pas de le relever : *L'École des maris* et *L'École des femmes* présentent plus qu'une parenté de titre. Le point de départ est le même : Arnolphe maintient Agnès sous sa coupe comme Sganarelle le faisait d'Isabelle, et il professe sur le mariage, l'éducation des filles et les mœurs du siècle des opinions fort comparables. Le développement de l'action, avec dans les deux cas la jeune fille qui use de divers stratagèmes pour déclarer son amour, rencontrer son galant et finalement se remettre entre ses mains, n'est pas non plus sans présenter quelques rapports. Et le dénouement qui voit le barbon jaloux favoriser le mariage des deux jeunes gens sans même s'en rendre compte et découvrir, au bout du compte, qu'il a été berné, pousse jusqu'à son terme la ressemblance entre les deux pièces. Arnolphe, certes, ne s'appelle plus Sganarelle, mais il en garde l'âge, les opinions et même, sur bien des points, le caractère. Voilà donc une comédie qui semble répéter comme à plaisir des schémas éprouvés et ne pas hésiter à reprendre une pièce antérieure de l'auteur lui-même, comme si celui-ci, non content de « pille(r) dans l'italien » et de « pille(r) dans l'espagnol », comme disent ses adversaires [1], allait jusqu'à se piller lui-même !

Et pourtant, *L'École des femmes*, malgré tous ces emprunts, ces sources, ces apports directs ou indirects, ne ressemble fondamentalement à rien de ce qui l'a précédée. La présence de la tradition comique, dans les deux formes principales qu'elle a prises jusqu'ici — farce et intrigue —, garantit à la pièce un indiscutable caractère de comédie, que vient renforcer la référence explicite à *L'École des maris*. Mais, sur cette base comique, Molière présente autre chose, que les mésaventures du bonhomme Sganarelle ne permettaient qu'à peine d'entrevoir : une peinture de la vie, et pas seulement des mœurs du temps et des préoccupations morales qu'elles engendrent, mais aussi de la vie personnelle et intime des individus. Projeter ainsi en plein jour, sur la scène publique, les ridicules et les souffrances, les pulsions et les passions ; pénétrer jusqu'à ces zones troubles de l'inavoué et de ce que l'on n'appelle pas encore l'inconscient ; faire voir l'homme à vif, à nu : voilà bien le vrai scandale. Ce faisant, Molière transgresse non seulement les lois tacites qui réservent à la comédie une fonction anodine de divertissement et de fantaisie, mais il amène le théâtre à investir ces territoires réservés que sont le cœur et l'âme, chasse gardée des directeurs de conscience. Cette jeune fille qui enfreint allégrement, sans y voir à mal, tous les interdits, qui découvre le plaisir en se passant du péché, et qui fait la preuve de l'inanité des sermons moralisateurs dont on l'abreuve, ne peut que paraître subversive. Et ce barbon qui couvre ses propres désirs du voile social et moral de l'éduca-

---

1. Alcidor, dans *La Guerre comique* du sieur De la Croix, dispute quatrième.

tion, qui cherche à modeler son élève à sa discrétion, à s'insinuer dans ses plus secrètes pensées pour en faire ce que bon lui semble, donne de l'autorité dont il est investi une image qui ne laisse pas d'être inquiétante, et à laquelle il ne manque plus que l'hypocrisie d'un Tartuffe pour apparaître une imposture absolue. Les dévots, qui commencent à s'agiter, le sentent bien, et Boursault, dans *Le Portrait du peintre*, lance l'anathème contre Molière, en l'accusant d'impiété, tandis que Robinet renchérit en disant qu'« il parle en théologien [1] ». Le premier, Boileau a senti le fond du débat, lorsqu'il souligne que l'art de Molière fait du comique un discours sérieux : « Et ta plus burlesque parole / Est souvent un docte sermon », écrit-il [2], renversant à l'avance la proposition de Boursault : « Un sermon touche l'âme et jamais ne fait rire [3]. » Au-delà des jalousies de confrères et des indignations de snobs, la querelle qui s'ouvre autour de *L'École des femmes* vise, en fait, à instruire le procès d'une comédie qui touche ainsi à l'essentiel. Elle témoigne, par la violence des réactions, de la nouveauté radicale de la pièce.

CONSTRUCTION

Un autre reproche, plus clairement exprimé, est fait aussitôt à Molière, et qui le touche suffisamment pour qu'il y réponde longuement dans *La Critique de l'École des femmes* : celui d'une construction maladroite qui est, dit Robinet, « contre toutes les règles du dramatique [4] ». Et il est vrai que *L'École des femmes* présente une curieuse organisation, l'essentiel de l'action s'y présentant sous forme de récits et les réactions du personnage principal engendrant une multiplicité de monolo-

1. Robinet, *Panégyrique de L'École des femmes*, scène V.
2. *Stances à M. Molière sur sa comédie de L'École des femmes*, in *Œuvres complètes*, Pléiade, 1966, p. 246.
3. *Le Portrait du peintre*, scène VII.
4. Robinet, *op. cit.*, scène V.

gues. À quoi s'ajoutent une intrigue passablement artificielle, une vraisemblance pas toujours très assurée et un dénouement pour le moins postiche. « Peut-on souffrir, demande Lysidas dans *La Critique*, une pièce qui pèche contre le nom propre des pièces de théâtre ? Car enfin, le nom de poème dramatique vient d'un mot grec qui signifie agir, pour montrer que la nature de ce poème consiste dans l'action ; et dans cette comédie-ci, il ne se passe point d'actions, et tout consiste en des récits » (scène VI). Voilà clairement posée, et par Molière lui-même, la question de la structuration dramatique de la comédie. Or la façon dont il prend soin, par la bouche de Dorante, de les justifier suffirait déjà à prouver que ses choix ne sont pas gratuits et procèdent d'une volonté délibérée. En fait, pour être inhabituelle, la structure de la pièce n'en présente pas moins une forte unité, tout entière dépendante du personnage central d'Arnolphe. Celui-ci, en effet, est constamment présent, participant à trente et une des trente-deux scènes que compte la comédie. Or c'est précisément cette présence qui structure l'action, par les rapports que le personnage entretient avec ses partenaires. Cinq grandes situations se dégagent ainsi, dont la répétition et l'entrecroisement constituent la véritable action de la pièce.

La première situation, sur laquelle s'ouvre la comédie, met en présence Arnolphe et Chrysalde. Il s'agit en quelque sorte du nœud théorique de l'action, les conceptions qu'Arnolphe développe face à son ami présentant les idées qui sous-tendent la façon dont il élève sa pupille et dont il entend en faire son épouse. Or toute la comédie va se charger de démontrer la vanité de ces idées, et apparaît du coup comme une leçon donnée au personnage plein d'assurance de la première scène. Sur ce plan, l'intervention active de Chrysalde au dénouement confirme ce retournement : c'est lui qui a le dernier mot, comme il avait eu le premier face à un Arnolphe entêté qui refusait déjà de l'entendre. Cette discussion théorique, qui voit s'affronter les deux amis, se trouve directement confrontée à la réalité (et c'est la deuxième situation) avec l'arrivée d'Horace : celui-ci, mettant en effet en péril la construction patiemment élaborée par Arnolphe, l'oblige à agir. La seule possibilité pour le tuteur de la jeune fille est de dresser devant son rival des obstacles ; mais, à la satisfaction du barbon, qui croit avoir trouvé la parade infaillible, succède, à chaque nouvelle rencontre d'Horace qui lui apprend comment il a contourné l'obstacle, un nouvel abattement d'Arnolphe. Cette séquence à trois temps — assurance, désillusion, désespoir — constitue le schéma dramatique de base de la pièce. Les récits d'Horace, par l'effet produit sur Arnolphe, viennent chaque fois relancer l'action, jusqu'à ce point ultime où Agnès s'échappe de la maison où on la tient enfermée. Une troisième situation vient, en effet, doubler la précédente : il s'agit des scènes où Arnolphe se trouve face à Agnès. La répartition de ces scènes, au début et à la fin de la comédie, montre nettement le parti pris par le dramaturge. En faisant disparaître Agnès pendant la presque totalité de la pièce, alors qu'Arnolphe occupe constamment le devant de la scène, Molière choisit de privilégier le point de vue de la victime ridicule. L'optique est ainsi délibérément comique, ce qu'elle ne serait pas si la pièce était vue sous l'angle de la jeune fille (comme pourrait l'imaginer un Musset ou un Giraudoux). De la sorte, tous les efforts d'Arnolphe n'apparaissent jamais que comme une agitation vaine, alors que l'important se passe dans l'ombre, que la jeune fille s'éveille à la vie en silence, dans une métamorphose qui, préservée du bruit et de la fureur, présente quelque chose de magique. Au contraire, les soupirs, les cris, les pleurs même d'Arnolphe, amplifiés par la complaisance qu'il met à s'épancher dans de longs monologues — c'est ici la quatrième situation, qui le met face à face avec lui-même —, accroissent le ridicule du personnage. Et ce côté bouffon est encore confirmé, à intervalles réguliers, par la cinquième situation, qui met Arnolphe aux prises avec des comparses, serviteurs stupides ou notaire pédant, qui relèvent tous du registre farcesque.

Arnolphe est ainsi l'axe de la comédie, et la séquence structurelle de ses démêlés avec Horace, selon laquelle progresse l'action — assurance, désillusion, désespoir — ne fait rien d'autre que renvoyer au schéma de la pièce tout entière : des certitudes et du contentement de soi qu'il affiche à l'ouverture de la comédie, le bonhomme passe, par une série de ruptures qui viennent ébranler son assurance, à un désarroi final qui ne peut, lui qui a occupé seul la scène, que l'amener à la quitter pour laisser la place à d'autres. Évolution psychologique, mais doublée d'un sens à la fois social et moral, où s'inscrit la leçon de la pièce : la situation initiale, qui donne à Arnolphe la toute-puissance et présente une Agnès soumise, débouche, par des péripéties où s'effrite cette puissance et où se rebelle cette soumission, sur une situation inversée qui voit l'homme, défait, se retirer, tandis que s'affirme la victoire de la jeune fille. Si, dans sa forme anecdotique, qui fait surgir à point nommé les pères nécessaires pour conclure l'union des deux jeunes amoureux, le dénouement peut paraître artificiel, reste qu'il répond en profondeur au mouvement interne de la comédie : Arnolphe a définitivement perdu Agnès et, mariage ou pas, la messe est dite...

PERSONNAGES

L'importance prise par Arnolphe dans le déroulement et l'organisation de l'action fait que le sens même de la comédie dépend, pour une large part, de l'interprétation qu'on donne du personnage. À cet égard, la tradition théâtrale témoigne d'une ambiguïté révélatrice. Si l'on regarde la façon dont les acteurs qui ont joué le rôle l'ont interprété depuis l'origine, on se rend compte en effet que deux directions quasi opposées ont été données au personnage : d'un côté, un jeu bouffon, farcesque, renforçant l'image d'un barbon ridicule. Molière, on le sait, jouait Arnolphe en charge, avec roulement d'yeux, grimaces, soupirs à ébranler la scène. Plus récente, et datant de l'époque romantique, une autre interprétation a voulu faire ressortir au contraire ce qu'il y a de touchant, de pathétique, voire de tragique, dans le personnage et le sort d'Arnolphe. Alors, Arnolphe comique ou tragique ? La question a été souvent posée, et peut s'appliquer à l'ensemble du théâtre de Molière. Il se trouve

simplement qu'elle prend avec Arnolphe une pertinence particulière. Qu'il y ait, en effet, en lui un côté farcesque ne fait
pas de doute : son nom, hérité du saint patron des maris cocus ; sa phobie des cornes ; les situations bouffonnes où il se
met, poireautant à sa porte du fait de la sottise de ses serviteurs
ou menant avec son notaire un dialogue de sourds ; la façon
même dont il apparaît aux autres personnages qui le jugent
« fou de toutes les manières », « ridicule », « jaloux à faire
rire », « homme bizarre » ou « franc animal » ; l'emploi d'ar-
roseur arrosé qu'il tient dans la comédie et qui le rattache au
vieux personnage du berné ; et aussi ses colères outrancières,
ses contorsions, ses « je crève », ses « j'enrage », et le langage
gaillard et vieillot qu'il affectionne ; tout cela le confirme, et
ne laisse aucun doute sur l'intention de l'auteur d'en faire un
personnage bouffon. « Ne voyez-vous pas, dit Uranie dans *La
Critique*, que c'est un ridicule qu'il fait parler ? » Sentiment
d'ailleurs partagé par les contemporains : c'est sous l'habit
d'Arnolphe que Molière figure dans le tableau des farceurs du
temps.

Et pourtant, relevés aussi par les contemporains, bien des
traits échappent à cette image de grotesque ridicule : la qualité
et le sérieux de l'homme d'esprit, soulignés par Lysidas dans
La Critique ; son côté honnête homme, qui apparaît dans l'affection qu'il porte à Horace et dans la générosité avec laquelle
il lui ouvre sa bourse ; son attitude, de plus en plus inquiète
qui tourne au désarroi ; la façon dont il abandonne tout scrupule, toute honte même, allant jusqu'à s'humilier devant
Agnès : « Écoute seulement ce soupir amoureux / Vois ce regard mourant » (v. 1588) ; et les cris tragiques qui lui viennent,
en des vers raciniens : « Éloignement fatal ! voyage malheureux ! » (v. 385) ; « Et c'est mon désespoir et ma peine mortelle » (v. 985)... On peut comprendre, après cela, la réaction de
Maxime de Trailles, dans la *Béatrix* de Balzac : « Moi je
pleure à la grande scène d'Arnolphe [1]. »

Concilier des éléments aussi contradictoires revient d'abord

1. Balzac, *Béatrix*, in « Folio classique », p. 422.

à souligner, avec Molière, qu'il n'y a pas incohérence psychologique à ce qu'un personnage puisse, comme tout homme, être « ridicule en de certaines choses et honnête homme en d'autres » (*La Critique*, scène VI). Mais surtout, c'est faire la part des multiples composantes du personnage d'Arnolphe, qui transforment un homme autoritaire et sûr de lui en victime décontenancée. Son drame est d'abord celui d'un homme de quarante-deux ans, sur le penchant de l'âge (surtout en un siècle où l'espérance de vie n'est pas si longue), tout entier tourné vers le passé, bourré de préjugés rétrogrades, et dont le comportement amoureux ne laisse pas d'être complexe : vieux garçon, le spectacle qu'il se donne des gens mariés, comme s'il se plaisait à collectionner les infortunes des autres, révèle un voyeurisme un peu malsain. Et s'il a choisi de se modeler une femme à sa convenance, en la maintenant dans l'ignorance et l'infantilisme, c'est peut-être moins pour pouvoir mettre en pratique les théories dont il se gargarise en matière d'éducation des filles et de mariage que parce que les femmes le mettent mal à l'aise, et sans doute même lui font peur. Ce célibataire de quarante-deux ans a-t-il jamais connu l'amour ? On peut en douter, à voir son inexpérience devant une Agnès qui semble vite plus avertie que lui. Sur ce plan, la sensualité qui lui met l'eau à la bouche devant ce jeune tendron qu'il s'est réservé n'est pas vraiment le fait d'un bon vivant, gaillard et paillard, habitué des frasques amoureuses ; cela sent plutôt son apprenti jouisseur, salivant d'avance devant le beau fruit qu'il a patiemment fait mûrir et qu'il s'apprête à croquer. Ce poids de l'instinct, qui n'est pas pour rien dans son curieux comportement et qui même, étant donné le rôle qu'il tient auprès d'Agnès, a comme un relent incestueux, se trouve doublé par une autre exigence, dont manifestement il n'avait jusque-là jamais senti la force : celle de son cœur. *L'École des femmes*, c'est aussi l'éveil amoureux d'un homme de quarante ans, totalement désarçonné devant un sentiment qu'il éprouve pour la première fois : « Chose étrange d'aimer », ne peut-il que soupirer. Si ce trouble soudain éprouvé, avec ce qu'il entraîne d'efforts, de maladresses, de promesses, de menaces, apparaît ridicule, c'est

bien sûr parce qu'il provient de quelqu'un qui proclamait bien
fort sa certitude d'être au-dessus de telles atteintes ; mais c'est
aussi parce qu'il introduit un décalage entre un âge, une
fonction, un habit et un comportement qui ne leur correspond
guère. À quarante ans passés, le bourgeois Arnolphe n'a plus
tout à fait l'âge de ses émois. Et peut-être, avec cette Agnès
qu'il a sciemment maintenue dans un état d'enfance, n'a-t-il
inconsciemment cherché que cela : retenir une jeunesse qui
s'éloigne de lui. Mais que peut-il contre un rival de vingt ans,
assez leste pour grimper aux échelles, escalader les balcons et
se glisser dans les armoires ? Et que peut-il surtout face à ce
« morceau de cire », qu'il croyait avoir façonné selon ses
vœux et qui, soudain, se révèle pour ce qu'il est : une femme ?
Toutes les théories d'Arnolphe viennent se briser devant cette
évidence nouvelle qu'il découvre : lui qui professait sur l'éducation des filles des opinions tranchées, qui ne concevait le
mariage que comme l'affirmation du pouvoir de l'homme, as-
siste impuissant à l'écroulement de ses idées. Et lui qui distin-
guait le corps et l'esprit, qui prétendait pouvoir disposer librement du corps d'Agnès en maintenant son esprit dans le néant
de la sottise, découvre chez sa pupille, mais aussi en lui-même,
que les deux sont liés, qu'il n'y a pas une « substance étendue » différente de la « substance pensante », comme disent les
cartésiens, mais bien une unité de la matière et de l'esprit. On
sait que Molière avait traduit Lucrèce et fréquenté Gassendi.
Son anti-dualisme fait le fonds philosophique de l'expérience
d'Arnolphe et de l'éveil d'Agnès, qui en constitue comme le
versant opposé.

Là encore, l'interprétation du personnage s'est toujours partagée entre deux grandes tendances : l'une insiste sur l'innocence totale, la pure ingénuité d'une jeune fille fragile et un
peu sotte, découvrant en toute candeur ce qu'on avait voulu
lui cacher ; l'autre, au contraire, dégage ce côté ingénu de
toute niaiserie, pour lui donner un aspect plus complexe : énergique, sensuel, malicieux, voire inquiétant. Or, à la différence
d'Arnolphe, Agnès n'a dans la pièce qu'un rôle réduit : c'est
tout juste si elle prononce quelque cent cinquante vers, et sa

mue, on l'a dit, se fait dans l'ombre, lui conservant ainsi un certain mystère qui à la fois en préserve la magie, mais en rend plus délicate l'interprétation. Par son prénom même, qui rappelle une vierge pudique dont les cheveux s'étaient allongés pour couvrir sa nudité, Agnès représente la candeur. Sa situation d'enfant abandonnée, recueillie par un tuteur qui l'a fait élever par des religieuses et exerce sur elle une autorité absolue, n'a rien d'exceptionnel en son siècle. La loi, d'ailleurs, garantit totalement les pouvoirs d'Arnolphe, alors qu'Horace risquerait gros s'il était convaincu de rapt. Dans une société qui contraint la jeune fille à l'obéissance et la maintient, par l'éducation qu'elle reçoit, dans une enfance prolongée, elle découvre avec Horace le monde dont elle a jusque-là été privée. La politesse, les cadeaux, le langage galant du jeune homme, comparés au côté bourru d'Arnolphe, et plus encore la grâce de ses manières et de son physique déclenchent d'abord chez elle l'éveil d'une intelligence jusqu'alors endormie, qui l'amène bien vite à dissimuler, à écrire une lettre, à imaginer des stratagèmes. Elle qui ne disait rien, dont le seul discours consistait à répéter les maximes apprises, la voilà qui prend la parole, et qui entend bien ne plus la perdre. Alors qu'Arnolphe, qui ne sait plus que dire, se retire sur un « oh » qui le rejette dans le silence, elle, désormais, parle, et les derniers mots qu'elle prononce sont l'affirmation de cette liberté conquise : « Je veux rester ici. » Toutefois, son esprit n'est pas seul à sortir de son engourdissement : découvrant l'amour, Agnès sent monter en elle un trouble qui n'est pas qu'affectif. La douceur de ce qu'elle éprouve la « chatouille » agréablement, et le plaisir qu'elle appelle montre que ses sens s'éveillent en même temps que son cœur. Elle n'en éprouve pas de honte puisqu'elle n'y voit pas de mal : « Le moyen de chasser ce qui fait du plaisir ? » (v. 1527), demande-t-elle. Que cet éveil soit rapide, et qu'elle apprenne beaucoup en peu de temps s'explique peut-être tout simplement par le fait qu'elle a beaucoup à rattraper. Le monde, qui était pour elle lisse et sans mystère, devient énigmatique et excitant : Agnès pose des questions, veut savoir, veut vivre. Arnolphe, refusé, rejeté, nié, n'y peut plus rien. Et il n'est pas sûr qu'Horace lui-même ne soit vite dépassé par ce désir qu'il a déclenché : « Non, vous ne m'aimez pas autant que je vous aime » (v. 1469), lui dit-elle déjà...

L'éveil d'Agnès est sans doute symbolique de bien des choses : il porte en lui tout ce qui concourt à la conquête par les femmes, dans une société qui les brime, de leur propre liberté ; il dit aussi, face à un Arnolphe vieillissant, la force de la jeunesse ; il dit encore que si l'homme a son pouvoir, la femme a le sien, et qui n'est pas le moins puissant. Mais peut-être dit-il surtout le mystère de l'adolescence, de l'être qui se dépouille de son enfance pour devenir adulte. La candeur piquante d'Agnès, cette ingénuité qui peut être cruelle sans le savoir traduisent le moment même de la métamorphose. Et lorsque lui vient le désir irrépressible de prendre son envol, l'enfant alors s'estompe. Le petit chat est mort.

LES MISES EN SCÈNE DE
L'ÉCOLE DES FEMMES

La création de *L'École des femmes*, le mardi 26 décembre 1662 au théâtre du Palais-Royal, apporte à Molière et à sa troupe un succès durable. Le registre de La Grange fait mention de 12 747 livres pour les onze premières représentations, soit une moyenne de 1150 livres, ce qui constitue près du double des recettes moyennes réalisées jusque-là. Et la pièce, jouée trente et une fois jusqu'au relâche de Pâques, est reprise aussitôt après pour trente-deux représentations supplémentaires. Le succès ne se dément pas, puisque l'année suivante les recettes atteignent certains jours jusqu'à 1700 livres. Et c'est compter sans les représentations privées que Molière donne en visite, au Louvre, chez le comte de Soissons, chez le duc de Richelieu ou chez Colbert. Les ennemis de Molière sont bien forcés de reconnaître l'engouement que la pièce suscite, comme le montre la pique décochée par Donneau de Visé, dans ses *Nouvelles nouvelles* : « Cette pièce a produit des effets tout nouveaux, tout le monde l'a trouvée méchante et tout le monde y a couru. » Ce succès d'affluence se nourrit d'ailleurs du parfum de scandale qui a commencé à s'élever dès les premières représentations. Car une « fronde » s'est manifestée aussitôt, vive et mordante. Boileau, dans ses « Stances à M. Molière sur la comédie de *L'École des femmes* », en fait état dès le début de janvier 1663, et Loret, dans sa *Muse historique* du 13 janvier, parle lui aussi de « cette pièce qu'en tous lieux on fronde, / mais où pourtant va tout le monde ».

De la querelle qui s'élève et qui, suscitant *Critique, Critique de la Critique, Contre-critique* ou *Panégyrique* de *L'École des femmes*, va agiter la scène et les salons parisiens jusqu'à ce qu'avec *L'Impromptu de Versailles*, Molière finisse par clouer, du moins provisoirement, le bec à ses adversaires, on peut retenir qu'elle soulève d'emblée des questions qui touchent directement à la mise en scène. D'abord parce qu'elle offre des témoignages précis sur la façon dont la pièce est jouée par Molière. Lui-même, dans *La Critique*, donne par la bouche de Lysidas, qui en fustige le côté « trop comique » et « trop outré », de précieuses indications sur la façon dont il interprète Arnolphe « avec ces roulements d'yeux extravagants, ces soupirs ridicules, et ces larmes niaises qui font rire tout le monde ». Ce parti pris de jouer en charge correspond à un désir de garder à la comédie un côté farcesque : dans *Zélinde*, Donneau de Visé signale que lorsque les deux serviteurs se retrouvent en butte à la colère d'Arnolphe, un « jeu théâtral » les fait tomber « par symétrie jusqu'à sept fois aux deux côtés de leur maître ». Une telle interprétation, qui maintient la pièce dans le registre du gros comique, et qui permet de comprendre aussi les nombreuses attaques portées contre la grossièreté de certains de ses effets, fournit aux adversaires de Molière un argument de poids dans la dénonciation qu'ils font de la prétention que celui-ci manifeste à traiter dans un tel registre d'un sujet sérieux. Elle traduit surtout la volonté délibérée de Molière de ne pas se couper de la tradition comique la plus élémentaire. La chose apparaît d'ailleurs manifeste aux contemporains, puisque non seulement Loret note que la représentation « fit rire Leurs Majestés / jusqu'à s'en tenir les côtés », mais que dans le célèbre tableau qui rassemble les principaux farceurs français et italiens, c'est dans l'habit d'Arnolphe que le peintre choisit de faire figurer Molière. Le débat qu'ouvre la querelle sur le statut même de la comédie procède ainsi pour une bonne part de l'interprétation de la pièce par son créateur, qui ne craint pas de parler d'amour, d'éducation, de mariage, et même du ciel et de l'enfer, en faisant assaut de postures, de mimiques et de jeux de scène appartenant au registre comique le plus outrancier.

Ce mélange des tons, voire des genres, auquel les puristes se montrent rétifs, est rendu d'autant plus sensible que le personnage d'Arnolphe présente un habit fort convenable de bourgeois du temps, comme le montre la gravure de Chauveau qui figure au frontispice de l'édition de 1682 et qui offre la même description que le *Tableau des farceurs* (voir préface, p. 9). Que cet homme habillé sobrement, dans des tonalités sombres, et dont le costume traduit à la fois l'honnête aisance et le côté posé, puisse, sous l'emprise de la passion, rouler des yeux, se laisser submerger de soupirs et de larmes, et aller même jusqu'à faire mine de s'arracher « un côté de cheveux » : voilà qui détonne, et qui explique les mines offensées des petits marquis et des prudes précieuses. Voilà en tout cas qui montre de la part de Molière une réflexion précise sur sa manière de porter à la scène son personnage et, plus généralement, sa comédie. Donneau lui-même ne se méprend pas sur cette attention portée à la représentation, lorsqu'il remarque, dans les *Nouvelles nouvelles* encore, que « chaque acteur sait combien il doit y faire de pas, et toutes ses œillades sont comptées ». Il n'en a que meilleur compte à dénoncer ce qui lui paraît être une des faiblesses majeures de la comédie : son manque de vraisemblance, sensible là encore tout particulièrement à la représentation à travers la question du décor. « La scène est dans une place de ville », indique sobrement le texte, et le *Mémoire* de Mahelot confirme la simplicité du dispositif choisi : « Le théâtre est deux maisons sur le devant et le reste est une place publique. » Donneau, dans *Zélinde*, relève le côté improbable d'un tel décor unique : « Si toute cette comédie se passe dans une place de ville, comment se peut-il que Chrysalde et Arnolphe s'y rencontrent seuls ? La peste était peut-être dans la ville, ce qui l'avait rendue presque déserte ? » C'est là soulever plaisamment un des problèmes majeurs que pose la représentation de la pièce, avec ce décor qui, tout en étant unique, doit ménager un extérieur et un intérieur, un lieu public et un lieu privé, et qui donne une place privilégiée à la porte qui sert de passage de l'un à l'autre. La gravure de Chauveau, qui renvoie à la scène 2 de l'acte III où Arnolphe instruit Agnès de ses devoirs conjugaux, montre bien cet espace public, bordé de maisons, dont une possède un jardin (on voit un arbre qui s'élève au-dessus du mur qui l'entoure et contre lequel Arnolphe a tiré un fauteuil où il s'est assis, tandis qu'Agnès reste debout à l'écouter). Or un tel dispositif ne permet guère en effet de comprendre, du point de vue de la stricte vraisemblance, ce que fait là, dehors, assis sur un siège privé au beau milieu d'une place publique, un homme qui entend entretenir sa pupille en toute discrétion.

D'emblée, la représentation de la pièce offre ainsi, dans les partis pris par Molière dès la création, des éléments qui posent problème. Et c'est d'ailleurs autour de ces deux points particuliers, de l'interprétation d'Arnolphe et du choix du décor, que vont très largement se cristalliser les options des comédiens et des metteurs en scène qui vont porter après Molière la pièce à la scène. Pendant longtemps, le problème majeur réside dans la façon d'incarner Arnolphe, le choix des autres comédiens, et notamment d'Agnès, en résultant en grande partie, tout comme la signification globale qu'on entend donner à la comédie. Lors de la création, pour donner une réplique qui offre une vraie densité face à sa propre interprétation du barbon, Molière choisit la comédienne la plus talentueuse et la plus éprouvée de sa troupe, Catherine De Brie, qui n'a plus déjà tout à fait l'âge de la toute jeune Agnès, puisqu'elle a dépassé la trentaine. Mais la façon dont elle joue de sa douceur naturelle et de son air engageant et tendre fait merveille et le public ne se résout pas à lui voir quitter le rôle. On dit même que lorsque, à cinquante-cinq ans, en 1685, elle voudra laisser la place à une interprète plus jeune, Mademoiselle du Croisy, les spectateurs la réclameront si fort qu'on ira la chercher chez elle et qu'elle reviendra jouer en costume de ville. Elle marque d'ailleurs si fort le rôle que la chronique théâtrale n'a même pas retenu le nom de l'actrice qui lui succède.

De fait, la première distribution de la pièce, avec le couple Molière / De Brie, offre une interprétation — d'un côté le barbon de comédie farcesque, de l'autre l'ingénue qui impose face à l'attitude ridicule de celui-ci une forme de maturité — qui sera très longtemps reprise comme un modèle.

XVIIIe SIÈCLE

À la mort de Molière, ses successeurs dans le rôle d'Arnolphe restent fidèles à son interprétation. Le premier, Rosimond, reprend le rôle alors qu'il n'a que trente-trois ans, et le tient jusqu'à sa mort, en 1686. Et c'est Baron, un autre élève de Molière, qui va lui succéder un peu plus tard, au début du XVIIIe siècle. Après s'être retiré de la scène en 1710, celui-ci y revient en effet pour reprendre le rôle d'Arnolphe en 1716. Le costume qu'il se choisit, habit de velours sombre, bas noirs, perruque bien peignée, est dans la continuité de celui du créateur du rôle. Et le succès qu'il remporte n'est pas non plus sans susciter quelque rumeur lorsqu'en 1726 il se donne comme partenaire la toute jeune Angélique Chanterelle, son élève, qu'il choisit de présenter de la sorte au public. La pièce sert ainsi à exhiber les jeunes ingénues, et si elle attire l'élite des acteurs et des actrices, c'est qu'elle apparaît déjà comme un peu « fossilisée », et d'ailleurs moins appréciée que *L'École des maris*, comme le relève Voltaire dans le sommaire qu'il en donne en 1765.

Ce relatif désintérêt pour la pièce fait que l'interprétation qu'on en propose n'évolue guère. Le registre comique reste largement prédominant, et on l'accentue même en faisant d'Arnolphe moins un personnage extravagant qu'un être que son âge, qu'on fait pencher nettement vers la vieillesse, rend carrément repoussant. Du coup, la victoire d'Agnès apparaît comme une bonne leçon donnée par la jeunesse à la vieillesse, et le jeu des interprètes successifs du rôle, Duchemin, Des Essarts, Bonneval, Grandmesnil, tout en leur apportant un succès assuré, maintient l'interprétation d'Arnolphe dans l'emploi très convenu de vieux barbon, tout comme celle qu'offrent d'Agnès tout au long du siècle Mesdemoiselles Gaussin, Hus, Olivier et Madame Préville, n'est en général, pour ces comédiennes alors débutantes, que l'occasion d'effectuer leurs grands débuts dans un rôle d'ingénue confirmé.

XIXᵉ SIÈCLE

L'époque romantique, sans rendre totalement à *L'École des femmes* le lustre qu'elle avait progressivement perdu, va néanmoins amener de notables évolutions dans la façon dont les comédiens abordent la pièce. Les deux rôles principaux vont en effet susciter des interprétations qui attirent à nouveau l'attention sur elle et qui en modifient sensiblement le sens jusqu'ici reçu. Le principal artisan de cette réévaluation est Provost, qui est engagé en 1835 au Théâtre-Français, où son physique hautain et sombre le désigne pour tenir les emplois de personnage machiavélique, de traître sournois, d'intrigant cauteleux. Abordant le répertoire comique, il y projette cette tonalité noire qui a fait sa réputation. En 1839, il aborde ainsi le personnage d'Arnolphe en coupant délibérément avec la tradition du vieillard sale et ridicule dans laquelle celui-ci s'était progressivement figé. Reprenant l'habit soigné que Baron avait choisi de porter, il impose la figure d'un riche bourgeois, doté d'un raisonnement solide, mais qui, devant la passion qui peu à peu le submerge, cède au désespoir. La sincérité poignante de son amour donne alors de lui l'image d'un être pathétique, et Théophile Gautier, fortement impressionné par ce côté « morose », se laisse gagner par l'émotion et constate que le public, sensible à cette atmosphère de drame, est tout près de pleurer devant les soupirs de l'amoureux éconduit, qui souffre effectivement en damné. Cette interprétation sombre prend, pour le comédien, toute sa force dans l'assimilation sous-jacente qu'il fait du personnage avec son auteur, les souffrances d'Arnolphe face à Agnès se nourrissant pour lui des souffrances supposées de Molière face à Armande. La vision romantique d'un Molière qui incite plus encore aux larmes qu'au rire trouve ici une de ses représentations les plus éclatantes, marquée par le succès que remporte le comédien, mais aussi par les réactions qu'il suscite. Ainsi Samson lui oppose, dans les cours d'art dramatique qu'il professe, une interprétation résolument comique, fondée sur l'idée que Provost « ne comprit jamais rien au rôle d'Arnolphe » ! Et tous ceux qui, à la fin du siècle, s'élèveront contre cette vision tragique de Molière prendront l'interprétation que Provost avait imposée sur la scène du Français comme l'exemple de ce qu'il ne faut pas faire. Toutefois ladite interprétation aura été suffisamment marquante pour triompher pendant pratiquement tout le siècle, et pour amener les successeurs du comédien à définir leur propre jeu en référence au sien. Ainsi Got, qui reprend le rôle dans la seconde partie du siècle, n'oublie pas qu'il a été l'élève de Provost, et s'il s'efforce de corriger quelque peu le pathétique de l'interprétation de son maître, c'est sans toucher à la conception quasiment tragique qui la sous-tend et en se contentant de faire reposer celle-ci sur le fond grotesque du personnage, qui se manifeste essentiellement dans les premiers actes, pour faire ressortir de façon plus éclatante encore le côté sombre du dénouement. Et c'est ce type d'interprétation — soumettant le comique à une vision noire du drame et du personnage — qui triomphe encore au début du XXe siècle au Théâtre-Français.

Rares sont les comédiens qui cherchent à y échapper, et c'est en dehors des scènes officielles que quelques tentatives reviennent à une vision résolument comique, précisément pour se démarquer de l'interprétation dominante. Ainsi Pradeau, au théâtre du Gymnase, donne en 1873 un Arnolphe tout en grimaces et en bouffonnerie qui renoue avec la farce, mais qui sert surtout à mettre en valeur le jeu tout de vivacité piquante de sa partenaire, Maria Legault. Car le rôle d'Agnès suscite lui aussi, tout au long du siècle, des interprétations novatrices. La raison première en est la rivalité qui, dans les années 1800-1830, oppose deux grandes comédiennes, qui composent toutes deux une Agnès appelée à faire date. La première à aborder le rôle, en 1799, est Mademoiselle Mars qui commence alors son exceptionnelle carrière. Elle a tout juste vingt ans, et elle va imposer une Agnès timide, toute de pudeur et d'innocence, presque froide dans sa retenue. Face à elle, Mademoiselle Bourgoin débute elle aussi dans le rôle à vingt ans en 1801, et compose au contraire un personnage beaucoup plus vif et piquant, jouant ostensiblement de son charme physique. Les deux grandes options d'interprétation se trouvent ainsi incarnées au même moment et si c'est Mademoiselle Mars qui recueille plus volontiers les faveurs de la critique et du public, les comédiennes débutantes suivent plutôt le parti pris par sa rivale pour mettre en valeur leurs qualités de finesse et d'esprit, comme c'est le cas avec la très piquante Suzanne Brocard ou la gracieuse Mademoiselle Anaïs.

En 1853, l'interprétation d'Émilie Dubois apparaît comme un retour à l'Agnès ingénue de Mademoiselle Mars : débutant dans le rôle alors qu'elle n'a que seize ans, la jeune comédienne compose un personnage innocent, presque sot, et c'est dans la même direction que Suzanne Reichemberg, débutant par ce rôle au Français en 1868 alors qu'elle n'a que quinze ans, impose l'Agnès la plus mémorable du siècle. Candeur, simplicité, naturel, mais aussi puissance d'émotion : les contemporains ne manquent pas d'y voir, selon l'expression de Jules Claretie, « l'Agnès absolue ». Aussi éclipse-t-elle aisément les autres comédiennes qui tentent de rivaliser avec son interprétation en donnant une Agnès plus maligne, dans le registre de la quasi raillerie avec Blanche Baretta, ou de la coquetterie madrée avec Maria Legault. Pourtant, si les deux interprétations les plus célèbres sont celles de Mademoiselle Mars et de Suzanne Reichemberg, la tradition d'une Agnès moins naïve qu'il n'y paraît est bien celle qui prédomine au fil du siècle, du fait même qu'elle correspond à la vision romantique d'un Arnolphe victime. Ce caractère quasi officiel transparaît encore au début du XXe siècle avec l'interprétation espiègle et malicieuse de Mademoiselle Lagrange ou celle, frisant la perversité, de Jane Pierly.

Au début du XXᵉ siècle, la question de l'interprétation du couple central s'assortit, avec l'apparition des metteurs en scène, de nouvelles problématiques, et notamment de celle qui était déjà au cœur de la création de 1662 : le problème du décor. Le reproche d'invraisemblance formulé par les ennemis de Molière suscite une réflexion sur l'espace scénique, dont Antoine est le premier, en 1908, à véritablement se préoccuper. Sa mise en scène, pour contourner l'obstacle, propose un décor qui montre à la fois les ruelles extérieures, où il situe les rencontres entre Horace et Arnolphe, et la maison de ce dernier qu'il représente avec son jardin, ce qui offre une sorte de seuil à l'espace privé, où il place les échanges avec Chrysalde et la lecture des *Maximes du mariage*. Pour répondre au problème de la vraisemblance, il propose ainsi une solution d'ordre réaliste, que nombre de metteurs en scène après lui vont développer et affiner, comme c'est le cas avec Jusseaume pour une des mises en scène les plus importantes de la première moitié du siècle, en 1924, au théâtre Édouard VII. Le décor ici est champêtre, et il ne s'agit plus d'une place de ville mais d'un espace naturel, avec arbres, rivière, campagne provinciale aux teintes rougies de l'automne. Dans ce décor de plein champ, le personnage d'Arnolphe apparaît comme une force de la nature. Face à une Agnès très effacée, qu'interprète Yvette Pierryl, comédienne choisie pour la modestie de son talent, toute l'attention se concentre sur le grand Lucien Guitry. Campant un Arnolphe costaud, avec grande moustache de hussard, abondante crinière rousse, chapeau à larges bords, il apparaît comme une sorte de matamore, prêt à en découdre avec les femmes, avec l'amour, avec la société, avec Dieu même. Avec lui, c'est un drame qui se joue, qui met aux prises un homme et son destin, dans un face à face où le silence final, après le « ouf » qui marque la disparition du personnage, laisse la scène vide, en proie au grand silence de la fatalité tragique. Cette mise en scène, précédée d'ailleurs d'une causerie d'Antoine insistant sur l'esprit nouveau qui l'anime, suscite la réaction des tenants de la tradition : ainsi, répliquant à Lucien Guitry, l'Arnolphe de Léon Bernard restitue au personnage son côté ridicule et un peu sot, auquel fait écho l'Agnès très « poupée mécanique » de Berthe Bovy, tout comme celui de Signoret, qui l'assortit, face à l'Agnès rouée de Suzet Maïs, d'une touche d'humanité émouvante.

Mais la véritable remise en lumière de la pièce intervient en 1936, avec ce qui constitue une charnière dans l'histoire moderne de sa mise en scène. La façon dont Louis Jouvet monte alors *L'École des femmes* à l'Athénée procède chez lui d'une longue réflexion, commencée en 1909, lors d'une première interprétation du rôle d'Arnolphe à l'université du faubourg Saint-Antoine. De cette mise en scène qui redonne à la pièce tout son prestige de grande comédie, on peut retenir deux aspects principaux, répondant aux deux questions agitées depuis la création. D'abord le décor de Christian Bérard qui, coupant avec l'option réaliste, entreprend de donner toute sa place à l'imaginaire. La maison d'Agnès occupe le centre de la scène ; tout en hauteur, elle figure une sorte de donjon à deux étages, entouré de murs en forme de proue qui, en s'ouvrant, révèlent un jardin avec carrés de gazon et rosiers grimpants. De chaque côté de la maison, les arcades d'une galerie figurent l'espace public, tandis que cinq grands lustres à bougies, imités de ceux du Grand Siècle, sont suspendus de part et d'autre, accusant la théâtralité de l'ensemble. Dans un tel décor, Jouvet entreprend de concilier les deux visions jusqu'ici données comme antagonistes de la pièce. D'un côté la comédie retrouve tous ses droits, et la mise en scène en accentue les effets par des jeux de scène inédits : Arnolphe montant sur une échelle pour regarder par-dessus le mur, accompagné par le notaire qui s'essaie à le suivre ; Arnolphe et Horace se poursuivant sous les arcades comme dans un jeu de cache-cache ; et, couronnement de la fête, l'arrivée d'Enrique, de retour des Amériques et précédé d'un cortège d'Indiens emplumés et d'animaux exotiques. Mais, en même temps, dans ce contexte plaisant, le comédien, avec sa voix au débit si particulier, incarne un Arnolphe encore jeune, vêtu de façon cossue, portant chapeau élégant, bien éloigné du bouffon ridicule de la tradition farcesque. Tout entier à l'obsession du cocuage, il est animé d'une sorte de monomanie qui, tout en suscitant constamment le rire, se charge d'une humanité qui se fait jour dans les deux derniers actes et charge alors la comédie de la densité du sérieux. Cette interprétation, qui cherche un équilibre dans l'approche du personnage, trouve sa parfaite réplique dans l'Agnès de Madeleine Ozeray, dont le naturel fait passer tout autant l'ingénuité et la faiblesse que la force et la flamme intérieures que traduit la révolte finale. Le duo apparaît ainsi parfaitement complémentaire, et s'attache à mettre en valeur dans son jeu une évolution interne des personnages au fil de la pièce, que peu d'interprétations avaient su auparavant traduire.

Depuis cette mise en scène historique, *L'École des femmes* a connu, tout au long de la seconde moitié du siècle, la faveur d'innombrables metteurs en scène et interprètes, comme si la quasi redécouverte de la pièce voulait effacer le relatif discrédit où elle avait été si longtemps tenue. De ces interprétations multiples et souvent très originales, on retiendra que la comédie n'en finit pas d'offrir de nouvelles possibilités. On a pu voir ainsi, peu après Jouvet, un Arnolphe bouffon, gras et luisant, campé par Fernand Ledoux sur la scène du Français ; puis un Arnolphe autoritaire, possessif, presque violent, incarné au TNP en 1956 par Georges Wilson ; en attendant l'Arnolphe bouffon et tout ébahi de Jean Le Poulain, ayant bien du mal à dominer l'Agnès très énergique de Nathalie Bécue, dans la mise en scène de Jacques Rosner, en 1983, à la Comédie-Française. La scène nationale, reprenant régulièrement la comédie, en offre parfois des mises en scène peu conformes à la tradition : ainsi, en 1973, Jean-Paul Roussillon, dans un décor de bastille sombre dû à Jacques Le Marquet, donne à la comédie des allures de drame carcéral, où Arnolphe, interprété en alternance par Pierre Dux et Michel Aumont, apparaît comme une sorte de monstre totalitaire sur lequel semble planer l'ombre d'Hitler.

Une telle interprétation politique trouve toute sa force subversive dans la mise en scène que Bernard Sobel propose en 1985 à Gennevilliers. Le décor d'Itala Rota figure un amas de poutrelles, de gravats, de murs effondrés, et il se découvre progressivement aux spectateurs à mesure que la pièce avance et que les deux pans du rideau s'ouvrent, pour se révéler, au dénouement, comme un véritable champ de ruines, symbole de l'univers qui s'effondre d'Arnolphe, lequel est interprété par un Philippe Clévenot qui s'est fait la figure de Mazarin, avec calotte, habit noir et large ceinture de pourpre cardinalice. Face à lui, l'Agnès d'Anouk Grinberg, en poupée à ressort à la voix étonnamment mécanique, s'anime progressivement pour esquisser un pas, un geste, puis pour prendre peu à peu son autonomie.

On est loin ici, dans cette mise en scène qui détruit toutes les conventions, de l'adaptation que Raymond Rouleau propose en 1973 pour la télévision. Le décor retrouve ici un réalisme souriant, avec en arrière-plan ouvriers qui travaillent sur un échafaudage, chèvres qui bêlent dans le voisinage, petits oiseaux qui chantent dans le jardin fleuri où se promène Agnès. Face à l'Arnolphe bonhomme et suffoquant de Bernard Blier, Isabelle Adjani, qui tient alors le rôle à la Comédie-Française, impose la jeunesse d'une adolescente de dix-sept ans, fraîche et pure, infiniment émouvante dans sa façon de découvrir le monde et l'amour. Interprétation marquante, comme l'avait été, par son côté à la fois pur et grave, celle de Dominique Blanchar reprenant, dans les années 1950, le rôle de Madeleine Ozeray face à Louis Jouvet. Et comme le sera, en 1988, au théâtre de la Criée de Marseille, celle, tout en nervosité franche et décidée, d'Aurelle Doazan, face à l'Arnolphe, aussi sympathique et émouvant que ridicule dans ses émois, de Marcel Maréchal, lequel conçoit une scénographie donnant à la porte qui ouvre sur le monde d'Agnès une place symbolique au tout devant de la scène. Et comme le sera encore en 1991 aux Célestins de Lyon, dans la mise en scène de Jean-Luc Boutté, face à un Jacques Weber redonnant une sorte de fraîcheur à la douleur de son personnage, l'interprétation vive d'Isabelle Carré, gagnant à grands coups d'énergie sa liberté, mais pour découvrir que cette liberté est un leurre, et même un piège où elle se retrouve prise pour finir, isolée sur l'avant-scène, tête baissée, petite chose fragile et silencieuse.

On n'en a pas fini d'explorer ainsi les ressources d'une comédie que le XXᵉ siècle aura remise à sa véritable place scénique, ainsi qu'en témoigne de façon symbolique le fait que la Comédie-Française a choisi, pour ouvrir la saison 1999-2000, de représenter Molière précisément par une nouvelle mise en scène de *L'École des femmes* signée Éric Vigner et traduisant de façon originale, dans un monde marqué par la ségrégation, la soumission d'Agnès et de l'univers féminin à la toute-puissance, pas vraiment écornée, de l'Arnolphe imposant qu'incarne Bruno Raffaelli. Interprétation une nouvelle fois renouvelée, et choix symbolique pour la maison de Molière que celui de cette pièce, comme l'hommage du siècle finissant, et la promesse de toutes les représentations à venir dans le siècle et le millénaire qui commencent.

BIBLIOGRAPHIE

I. LE TEXTE

À partir des éditions originales publiées du vivant de Molière ; de l'édition des *Œuvres* de 1682, qui donne le texte authentique de certaines pièces et surtout présente les comédies qui n'avaient pas été imprimées du vivant de Molière ; de l'édition des *Œuvres de Molière* en 1734 enfin, qui établit le texte de façon plus complète, notamment en ce qui concerne le découpage et les jeux de scène, deux grandes éditions modernes présentent la somme de ce que l'on peut savoir aujourd'hui sur le texte et sur Molière, et constituent les éditions de référence :

l'édition Eugène DESPOIS / Paul MESNARD : Molière, *Œuvres complètes*, « Grands écrivains de la France », Hachette, 1873-1900, 13 vol. *L'École des femmes* se trouve au tome III.
l'édition Georges COUTON : Molière, *Œuvres complètes*, Gallimard, « Bibliothèque de la Pléiade », 1971, 2 vol. (éd. revue en 1976). *L'École des femmes* se trouve au tome I.

II. INSTRUMENTS BIBLIOGRAPHIQUES

La bibliographie concernant Molière étant très importante, quelques ouvrages ou articles permettent de s'y retrouver :

Cioranescu, Alexandre, *Bibliographie de la littérature française du XVIIᵉ siècle*, éd. du CNRS, 1966 — Article « Molière ».

Collinet, Jean-Pierre, *Lectures de Molière*, A. Colin, 1974.

Couton, Georges, « État présent des études sur Molière », *L'Information littéraire*, janv.-fév. 1973.

Descotes, Maurice, *Molière et sa fortune littéraire*, Ducros, 1970.

Œuvres et Critiques, « Visages de Molière », VI, 1, 1981.

Peacock, Noël, « Cent ans de recherche sur Molière. 1890-1990 », in *Le Nouveau Moliériste*, Université d'Ulster, I, 1994.

Saintonge, Paul, « Thirty years of Molière studies : a bibliography, 1942-1971 », in *Molière and the Commonwealth of Letters*, University Press of Mississippi, 1975.

Par ailleurs, on dispose d'un très précieux inventaire de textes et documents du XVIIᵉ siècle :

Mongrédien, Georges, *Recueil des textes et des documents du XVIIᵉ siècle relatifs à Molière*, éd. du CNRS, 1965, 2 vol. — Supplément dans la revue *XVIIᵉ Siècle*, nᵒ 98-99, 1973, en coll. avec Jacques Vanuxem.

III. ÉTUDES D'ENSEMBLE

Biographies :

Duchêne, Roger, *Molière*, Fayard, 1998.

Jurgens, Madeleine, Maxfield-Miller, Élisabeth, *Cent ans de recherche sur Molière, sur sa famille et sur les comédiens de sa troupe*, SEVPEN, 1963.

Michaut, Gustave, *La Jeunesse de Molière — Les Débuts de Molière à Paris — Les Luttes de Molière*, Hachette, 3 vol., 1923.

Mongrédien, Georges, *La Vie privée de Molière*, Hachette, 1950.

Simon, Alfred, *Molière, une vie*, La Manufacture, 1987.

Situation de Molière par rapport à l'évolution générale du théâtre comique :

Adam, Antoine, *Histoire de la littérature française au* XVIIe *siècle*, Domat, 1952, t. III.

Conesa, Gabriel, *La Comédie de l'âge classique, 1630-1715*, Le Seuil, 1995.

Forestier, Georges, *Esthétique de l'identité dans le théâtre français (1550-1680). Le Déguisement et ses avatars*, Droz, 1988.

Fumaroli, Marc, « Rhétorique, théologie et moralité du théâtre en France, de Corneille à Molière », in *L'Art du théâtre, Mélanges en hommage à Robert Garapon*, P.U.F., 1992.

Garapon, Robert, *La Fantaisie verbale et le comique dans le théâtre français du Moyen Âge à la fin du* XVIIe *siècle*, A. Colin, 1964.

Gilot, Michel, Serroy, Jean, *La Comédie à l'âge classique*, Belin, 1997.

Guichemerre, Roger, *La Comédie avant Molière, 1640-1660*, A. Colin, 1972.

Mauron, Charles, *Psychocritique du genre comique*, J. Corti, 1964.

Rousset, Jean, *L'Intérieur et l'Extérieur. Essais sur la poésie et le théâtre au* XVIIe *siècle*, J. Corti, 1968.

Scherer, Jacques, *La Dramaturgie classique en France*, Nizet, 1950.

Voltz, Pierre, *La Comédie*, A. Colin, 1964.

Études d'ensemble de l'œuvre :

Baschera, Marco, *Théâtralité dans l'œuvre de Molière*, Biblio 17, 1998.

Bénichou, Paul, *Morales du Grand Siècle*, Gallimard, 1948.

Bray, René, *Molière homme de théâtre*, Mercure de France, 1954.

Cairncross, John, *Molière bourgeois et libertin*, Nizet, 1963.

Conesa, Gabriel, *Le Dialogue moliéresque, étude stylistique et dramaturgique*, P.U.F., 1983.

Corvin, Michel, *Molière et ses metteurs en scène d'aujourd'hui*, Presses Universitaires de Lyon, 1985.

Dandrey, Patrick, *Molière ou l'Esthétique du ridicule*, Klincksieck, 1992.

Defaux, Gérard, *Molière ou les Métamorphoses du comique*, Lexington, French Forum Publishers, 1980.

Descotes, Maurice, *Les Grands Rôles du théâtre de Molière*, P.U.F., 1960.

Forestier, Georges, *Molière en toutes lettres*, Bordas, 1990.

Grimm, Jürgen, *Molière en son temps*, Biblio 17, 1993.

Guicharnaud, Jacques, *Molière, une aventure théâtrale*, Gallimard, 1963.

Gutwirth, Marcel, *Molière ou l'Invention comique*, Minard, 1966.

Hubert, Judd D., *Molière and the Comedy of Intellect*, University of California Press, 1962.

Jasinski, René, *Molière*, Hatier, 1969.

Knutson, Harold C., *Molière : an archetypal approach*, University of Toronto Press, 1976.

Nurse, Peter H., *Molière and the Comic Spirit*, Droz, 1991.

Rey-Flaud, Bernadette, *Molière et la farce*, Droz, 1996.

Truchet, Jacques (sous la direction de), *Thématique de Molière*, SEDES, 1985.

Vernet, Max, *Molière, côté jardin, côté cour*, Nizet, 1991.

IV. ÉTUDES SUR *L'ÉCOLE DES FEMMES*

Albanese Jr., Ralph, « Pédagogie et didactisme dans *L'École des femmes* », *Romance Notes*, automne 1974.

—, *Le Dynamisme de la peur chez Molière : une analyse sociostructurelle de* Dom Juan, Tartuffe *et* L'École des femmes, University of Mississippi, Romance Monographs, 1976.

Arnavon, Jacques, *L'École des femmes de Molière, essai d'interprétation dramatique*, Plon, 1936.

Beck, William J., « La Métamorphose avortée d'Arnolphe », *Revue d'histoire du théâtre*, 1988, n° 3.

Berlan, François, « "L'ingénuité" d'Agnès. Étude d'un champ lexical dans *L'École des femmes* », *L'Information grammaticale*, 1985, n° 24.

Bourbeau-Walker, Micheline, « L'Échec d'Arnolphe : loi du genre ou faille intérieure ? », *PFSCL*, 1984, n° 20.

Collinet, Jean-Pierre, « Molière et ses personnages invisibles : l'exemple de *L'École des femmes* », in *Thématique de Molière*, éd. Jacques Truchet, SEDES, 1985.

Conesa, Gabriel, « Remarques sur la structure de *L'École des femmes* », *Revue d'histoire du théâtre*, 1978, n° 30.

Corbellari, Alain, « Le Séducteur par nature : le personnage d'Horace dans *L'École des femmes* », *PFSCL*, 1996, n° 44.

Dandrey, Patrick, « Structures et espaces de communication dans *L'École des femmes* », *Littérature*, 1986, n° 63.

Defrenne, Madeleine, « *L'École des femmes* de Molière, une école de théâtre », in *Ordre et contestation au temps des classiques*, Biblio 17, 1992.

Doubrovsky, Serge, « Arnolphe ou la Chute du héros », *Mercure de France*, 1961, n° 343.

Duchêne, Roger, « Molière et la Lettre », in *Mélanges René Pintard*, Strasbourg, 1975.

Émelina, Jean, « *L'École des femmes* et le pittoresque », in *Hommage à Claude Digeon*, Nice, 1986.

Fournier, Nathalie, « De *La Précaution inutile* (1655) à *L'École des femmes* (1662) : la réécriture de Scarron par Molière », *XVIIᵉ Siècle*, 1995, n° 186.

Gaines, James F., « *L'École des femmes* : usurpation, dominance and social closure », *PFSCL*, 1982, n° 17.

Gutwirth, Marcel, « Arnolphe et Horace », *L'Esprit créateur*, 1966, n° 6.

Hubert, Judd D., « *L'École des femmes*, tragédie burlesque », *Revue des sciences humaines*, 1960, n° 97.

Letts, Janet T., « *L'École des femmes* ou la défaite de la parole inauthentique », *Modern Language Notes*, mai 1980.

Magné, Bernard, « *L'École des femmes* ou la conquête de la parole », *Revue des sciences humaines*, 1972, n° 145.

Peacock, Noël, *Molière, L'École des femmes*, University of Glasgow, 1988.

—, « Lectures scénographiques de *L'École des femmes* », *Œuvres et Critiques*, 1997, XXII, 2.

Picard, Raymond, « Molière comique ou tragique ? Le cas d'Arnolphe », *R.H.L.F.*, 1972, n° 5-6.

Pignault, L., « Le Vocabulaire d'Arnolphe dans *L'École des femmes* de Molière », *Bulletin d'information du laboratoire d'analyse lexicologique*, Besançon, 1961, n° 3.

Serroy, Jean, « Le petit chat est mort », *Recherches et Travaux*, 1985, n° 28.

—, « De *L'École des femmes* à *Britannicus* : il faut qu'une porte soit ouverte ou fermée », *Littératures classiques*, 1996, n° 27.

Spencer, Catherine J., « "O grès suspends ton vol !" *L'École des femmes* ou l'Esprit de la lettre », *XVIIᵉ Siècle*, 1998, n° 200.

Tobin, Ronald W., « Les Mets et les Mots : gastronomie et sémiotique dans *L'École des femmes* », *Semiotica*, 1984, 1/3.

RÉSUMÉ

ACTE I

Le sieur Arnolphe s'entretient avec son ami Chrysalde de la question du mariage. Il s'apprête en effet, à quarante-deux ans, à épouser sa pupille Agnès, qu'il a recueillie alors qu'elle n'avait que quatre ans. À Chrysalde qui émet quelques doutes sur le bien-fondé de cette union, Arnolphe explique qu'il a pris toutes ses précautions en donnant à la jeune fille une éducation qui l'a maintenue à l'écart du monde, dans une ignorance qui ne risque pas d'en faire une de ces mondaines dont les hommes ont tout à craindre. À dix-sept ans, Agnès est donc aujourd'hui à son entière dévotion, et il ne risque pas, lui qui se gausse volontiers des maris trompés, de connaître le même triste sort. Chrysalde n'est guère convaincu par l'assurance de son ami, pas plus que par la volonté que celui-ci manifeste de changer de nom et de prétendre se faire appeler Monsieur de la Souche (scène 1). Frappant à la porte de sa maison, Arnolphe se voit contraint d'attendre qu'on lui ouvre par suite de la sottise de ses deux serviteurs, Alain et Georgette, qu'il a choisis tout exprès un peu simplets pour garder Agnès sans lui éveiller l'esprit (scène 2). Celle-ci vient saluer son tuteur, qui observe avec satisfaction qu'elle se consacre à de sages travaux d'aiguille (scène 3). Tout heureux de voir ainsi les résultats des dispositions qu'il a prises, Arnolphe voit passer un jeune homme qu'il reconnaît pour Horace, le fils de son ami Oronte. Après lui avoir donné des nouvelles de son père, dont il attend l'arrivée en compagnie d'un certain Enrique, qui revient d'Amérique fortune faite, Horace, tout joyeux de retrouver Arnolphe, qui l'encourage à chercher dans la ville quelque aventure galante, lui confie que c'est chose déjà faite : il a réussi à attirer l'attention d'une jeune personne, nommée Agnès, en profitant de l'absence de l'homme qui la tient enfermée, un certain Monsieur de la Souche. Tout à sa surprise, Arnolphe coupe court à l'entretien pour, une fois seul, laisser éclater sa colère (scène 4).

ACTE II

Arnolphe, retrouvant ses esprits, décide de faire toute la lumière sur ce qui s'est passé afin de reprendre la situation en main (scène 1). Il interroge d'abord ses valets, mais la violence avec laquelle il les apostrophe rend ceux-ci incapables de proférer un mot (scène 2). Et ce n'est que lorsque Arnolphe est sorti qu'Alain retrouve la parole pour expliquer à Georgette que leur maître est jaloux, parce qu'étant homme, il ne veut pas qu'on touche à la femme qu'il considère comme son bien (scène 3). Arnolphe revient, s'exhortant à retrouver son calme pour interroger Agnès (scène 4). Questionnant la jeune fille sur ce qu'elle a fait pendant son absence, il apprend le détail de l'aventure : c'est en toute candeur que la jeune fille a été surprise par Horace et, si celui-ci a réussi à s'introduire auprès d'elle, il n'en a pour l'instant obtenu que de simples marques de politesse, ainsi qu'un ruban qu'elle lui a donné. Rassuré par l'innocence d'Agnès, mais sentant bien que le danger menace, Arnolphe, après avoir réprimandé la jeune fille et lui avoir fait valoir que toute relation avec un homme en dehors du mariage est un péché, lui propose donc qu'elle soit mariée le soir même. Agnès l'en remercie, croyant que c'est Horace qu'elle va épouser, mais elle découvre que c'est à Arnolphe qu'elle va devoir s'unir, lequel lui enjoint de chasser Horace en lui jetant une pierre s'il veut entrer (scène 5).

ACTE III

Arnolphe respire : il a vu Agnès lui obéir et lancer une pierre contre Horace. Lui montrant les risques qu'il y a à se laisser flatter par de vils séducteurs, il veut la préparer au mariage (scène 1). Pour cela, il commence par lui faire un long sermon sur les devoirs de soumission et de fidélité de la femme envers son époux, et sur les conséquences terribles du moindre manquement, qui lui vaudrait les feux de l'enfer. C'est ce que confirme la lecture qu'il lui fait faire des *Maximes du mariage*, austère règlement qu'Agnès lit sans broncher (scène 2). Arnolphe, la laissant à sa lecture, se réjouit d'avoir rétabli la situation et se félicite de l'empire qu'il a sur sa pupille, dont la simplicité lui apparaît une garantie. Et il se réjouit à l'avance de la déconvenue de son rival (scène 3). Horace survient justement, qui lui raconte comment Agnès lui a bel et bien lancé une pierre. Mais ladite pierre était entourée d'une lettre, qu'Horace s'empresse de lire à Arnolphe. Celui-ci, abasourdi, découvre que la jeune fille y trouve les mots pour dire à Horace les doux sentiments qu'elle éprouve à son égard et la confiance totale qu'elle met en lui (scène 4). Resté seul, Arnolphe laisse éclater une nouvelle fois sa colère, mais aussi sa souffrance, car tous ces événements inattendus lui ont fait découvrir qu'il aime Agnès (scène 5).

ACTE IV

Cet amour, qu'il doit bien s'avouer, ne rend que plus pénible l'idée que tous les efforts qu'il a depuis des années déployés pour former Agnès à sa convenance risquent de l'avoir été en vain, s'il laisse le champ libre à ce jeune blondin d'Horace. Décidé donc à tout faire pour reprendre l'avantage (scène 1), il n'entend même pas le notaire qui vient dresser le contrat de mariage et qui lui débite toutes les clauses possibles.

Et c'est sans ménagement qu'il le congédie, remettant la rédaction du contrat à plus tard (scène 2). Le notaire se plaint de la rudesse d'Arnolphe à ses serviteurs (scène 3), lesquels écoutent ensuite les recommandations que leur fait leur maître : si Horace se présente, ils doivent lui fermer la porte. Arnolphe, pour mieux s'assurer qu'ils ont bien compris, leur fait répéter la scène (scène 4). Et, pour garantie supplémentaire, il décide de prendre le savetier du coin pour espion et d'interdire l'accès de la maison à quiconque voudra entrer (scène 5). Sur ces entrefaites survient Horace, tout excité, qui raconte à Arnolphe comment il a déjoué les précautions du maître de maison, s'est introduit dans la chambre d'Agnès et, caché dans l'armoire, a entendu la scène de jalousie que lui faisait le bonhomme. Horace a dû quitter les lieux, mais ce n'est que partie remise, puisqu'il a obtenu un nouveau rendez-vous cette nuit même (scène 6). À nouveau désespéré et en proie à la colère, Arnolphe constate l'inanité de ses efforts, mais se montre bien résolu à profiter des révélations de son rival pour l'empêcher de parvenir à ses fins (scène 7). L'arrivée de Chrysalde n'apaise pas son humeur farouche, et celui-ci, se rendant compte de l'état de son ami, lui remontre plaisamment que l'infortune conjugale peut avoir ses bons côtés. En matière de cocuage, lui dit-il, il faut au mari trompé se garder tout autant de la complaisance que du raidissement. Mais la perspective d'être cocu ne sied guère à Arnolphe, qui en refuse tout net l'idée et se dit prêt à tout faire pour y échapper (scène 8). Pour cela, il prépare un piège avec le concours de ses serviteurs, lesquels devront assommer Horace lorsqu'il escaladera le balcon d'Agnès (scène 9).

ACTE V

Les valets ont trop bien suivi les ordres d'Arnolphe : ils ont tapé si fort sur Horace que celui-ci est resté sans vie sur le carreau (scène 1). D'où la surprise d'Arnolphe lorsqu'il voit apparaître le jeune homme en parfaite santé, lequel lui explique qu'il a contrefait le mort pour éviter les coups. Agnès, affolée, est venue le rejoindre et lui a fait part de sa décision de ne plus revenir dans la maison. Horace cherche donc à qui la confier, et il demande à Arnolphe s'il veut bien lui rendre ce service. Celui-ci accepte, demandant simplement à Horace de lui amener la jeune fille dans un endroit plus obscur pour ne pas éveiller l'attention (scène 2). Agnès, tout en comprenant la nécessité où Horace se trouve de la confier à quelqu'un, lui manifeste la tristesse qu'elle a de le quitter et lui dit tout son amour (scène 3). Arnolphe, qui a assisté à la scène la figure cachée dans son manteau, se découvre aussitôt qu'Horace est parti. À ses reproches, puis à ses déclarations de soumission et d'amour, Agnès, insensible et déterminée, ne répond que par l'aveu que c'est Horace et non lui, Arnolphe, qu'elle aime (scène 4). Meurtri, Arnolphe décide de la soustraire à son rival et de l'enfermer dans un couvent. Dans cette attente, il la confie à la garde d'Alain (scène 5). Mais Horace survient à nouveau, qui lui apprend que son père Oronte arrive en compagnie de cet Enrique dont il lui a parlé, et que c'est pour le marier à la fille de celui-ci. Décontenancé, le jeune homme demande l'aide d'Arnolphe, qui lui promet de l'assister (scène 6). Pourtant, dès qu'Oronte, retrouvant son vieil ami, lui parle du projet qu'il a de marier son fils, celui-ci l'encourage vivement à le faire. Horace, qui ne comprend rien à l'attitude d'Arnolphe, découvre alors que celui-ci n'est autre que ce Monsieur de la Souche dont il est le rival (scène 7). Arnolphe, triomphant, se prépare à emmener Agnès (scène 8). Mais lorsque la jeune fille arrive, Oronte révèle qu'elle n'est autre que la fille d'Enrique à qui il destine son fils. Forcé de s'expatrier, son père l'avait en effet confiée à la paysanne auprès de qui Arnolphe l'avait recueillie. Arnolphe, le souffle coupé, sort sans un mot, tandis que l'on prépare le mariage d'Agnès et d'Horace (scène 9).

Impression Maury-Imprimeur
45330 Malesherbes
le 28 décembre 2009.
Dépôt légal : décembre 2009.
1ᵉʳ dépôt légal dans la collection : mai 2000.
Numéro d'imprimeur : 152570.

ISBN 978-2-07-041246-4. / Imprimé en France.

173791